Wilhelm Wohlrabe

Kants Lehre vom Gewissen

historisch-kritisch dargestellt

Wilhelm Wohlrabe

Kants Lehre vom Gewissen
historisch-kritisch dargestellt

ISBN/EAN: 9783744668101

Hergestellt in Europa, USA, Kanada, Australien, Japan

Cover: Foto ©Thomas Meinert / pixelio.de

Weitere Bücher finden Sie auf **www.hansebooks.com**

Kants

Lehre vom Gewissen

historisch-kritisch dargestellt.

--- --- ---

Inaugural-Dissertation

zur Erlangung der

Doctorwürde in der Philosophischen Facultät

der

Universität Leipzig

von

Wilhelm Mohlrabe.

———•———

Gotha. 1880.
Druck der Engelhard-Reyher'schen Hofbuchdruckerei.

Inhalts-Verzeichnis.

~~~~~~~~~

Vorwort.   Seite

Einleitung. Grundbegriffe der Ethik Kants 1
  Stellung des Gewissensbegriffes innerhalb derselben 3

I. Teil.

Darstellung der Gewissenslehre Kants mit Berücksichtigung der verschiedenen Auslegungen
  derselben 4
Systematische Zusammenfassung der Lehre 20

II. Teil.

Kritik der Kantischen Gewissenslehre 23
Darstellung der eigenen Ansicht:
  a. Begriff des Gewissens 23
  b. Ursprung des Gewissens 28
  c. Bethätigung des Gewissens 34

~~~~~~~~~~~~~~~~~~

Vorwort.

Man redet seit Jahrtausenden von einem Gewissen und bezeichnet damit ein bestimmtes Etwas in des Menschen Brust. Aber anders erscheint dieses in den verschiedenen Zeiten und Kulturperioden; verschieden von der Wissen= schaft redet der Sprachgebrauch des Volkes von ihm; in der Wissenschaft selbst herrscht zwischen theologischen und philosophischen Vorstellungsweisen Wider= streit, und innerhalb jedes dieser beiden Gebiete wieder treten die verschiedensten Ansichten zu Tage. Die Bemerkung Schopenhauers, „wie sehr der Begriff des Gewissens bei den Schriftstellern schwankend erscheine, wie sehr er von Verschiedenen verschieden gefaßt sei", kehrt in den Einleitungen der meisten Schriften, die über diesen Gegenstand handeln, wieder.

So sagt Stäudlin[1]): „Das Wort Gewissen wird in mehr als einem Sinne genommen. Manche Prädikate, die man dem Gewissen beilegt und manche Einteilungen sind wahr oder falsch, je nach der Bedeutung, in welcher man das Wort nimmt.

Bald versteht man darunter das Vermögen, über die Rechtmäßigkeit oder Unrechtmäßigkeit unserer Handlungen zu urteilen, bald das Vermögen, uns selbst zu richten, zu verurteilen oder loszusprechen, oder auch das Bewußtsein eines solchen Vermögens; bald moralische Gefühle von Lust und Unlust, von Zufriedenheit und Unzufriedenheit, von Furcht und Hoffnung, bald die sub= jektive Religion", und aus desselben Verfassers späterer Schrift „Geschichte der Lehre vom Gewissen" ist die Wahrheit dieses Spruches in Kürze zu ersehen[2]).

---

[1]) „Grundsätze der Moral."

[2]) Ähnlich sagt Ed. Güder in „Theol. Studien und Kritiken" (Jahrgang 30, Br. I.): „Während schon in dem Sprachgebrauch des täglichen Lebens und auf populär-praktischem Boden der Begriff des Gewissens sich nach manchen Seiten hin als ein fließender zu erken- nen giebt, ist dies wunderlicher Weise im Umfange wissenschaftlicher Theologie in noch höherem Maße der Fall. Denn hier wird auf denselben in buntester Abschattung und in jeder denk- baren Verknüpfung bereits von alters her ein bald engerer, bald wieder ungleich weiterer Kreis von außerdem allerdings nahezu allgemein anerkannten Thatsachen des Selbstbewußt- seins zurückgeführt. . . . . . Kaum wird man sich des Eindruckes erwehren können, in der helldunklen Sphäre unserer Erkenntnis teile dieses sogenannte Gewissen unter dem Ge- wissen, — obwohl in ihm der Anfang und innere Grund aller Wahrheit von oben her beschlossen sein soll — so nichts destoweniger noch zur Stunde ein und dasselbe Loos mit dem Ungewissesten unter dem Ungewissen."

Der Grund dieser Erscheinung ist vornehmlich in der Natur des Gegenstandes, in der Schwierigkeit zu suchen, welche sein Wesen der Untersuchung entgegenstellt. Zahnel nennt in seiner Schrift „Die Lehre vom Gewissen in der alten Philosophie" den Gewissensbegriff einen „abstrakten und tiefliegenden" und zeigt zugleich, welch eine gewaltige Geistesarbeit vorangehen mußte, ehe die Philosophie zu ihm vordrang.

Die griechisch=römische Philosophie weist eine Theorie des Gewissens noch nicht auf. Aristoteles und Cicero räumen ihm in der Ethik und in der Pflichtenlehre keine Stelle ein. Erst in der neueren Philosophie tritt das Bestreben auf, den Begriff systematisch zu erfassen.

Wesentliche Förderung innerhalb dieser erfährt er zuerst bei Locke[1]) und den englischen Moralisten[2]). In der Folge haben dann die französischen Materialisten, namentlich La Mettrie[3]) und Holbach[4]), diesen Gegenstand behandelt, während Cartesius[5]) und Spinoza[6]) nur gelegentlich vom Gewissen reden.

Am tiefsten und eingehendsten aber sind die Untersuchungen darüber innerhalb der deutschen Philosophie. Wolff[7]), Kant, Fichte[8]), Hegel[9]) nehmen den Gewissensbegriff, ihn als Objekt philosophischen Denkens bearbeitend, in ihr System auf.

Der Kantischen Lehre vom Gewissen, die den Gegenstand unserer Abhandlung bilden soll, wird — und wir glauben mit Recht — „besondere Tiefe und Originalität" (Stäudlin) zugeschrieben.

Obgleich auch Fichte sich ihr angeschlossen hat und ferner Schopenhauer sie einer theilweisen Kritik unterzogen, obgleich sie endlich außerdem für die Auffassung des Gewissens innerhalb der Theologie einen „Wendepunkt" bezeich-

---

[1]) Locke: „An essay concerning human understanding" (s. Buch I. „Angeborne praktische Grundsätze").

[2]) Shaftesbury: „An inquiry concerning virtue and merit".
Hutcheson: A system of moral philosophy etc.
Ad. Smith: The theory of moral sentiments (s. besonders die „Zusätze").

[3]) La Mettrie: Discours sur le bonheur.

[4]) Holbach: Système de la nature. (Zu 3 u. 4 vergl.: Lange: „Geschichte des Materialismus". Buch I. Absch. 4.

[5]) Des Cartes: Über die Leidenschaften der Seele. Ib. III. Art. 177: Von Gewissensbissen.

[6]) Spinoza: Ethik, Th. III: Von dem Ursprunge und der Natur der Affekte.

[7]) Wolff: „Philos. pr. univ.", Ib. I („de conscientia") und „Vernünftige Gedanken über der Menschen Thun und Lassen" („Vom Gewissen").

[8]) Fichte: „System der Sittenlehre nach den Prinzipien der Wissenschaftslehre", S. 225 ff.

[9]) Hegel: „Grundl. d. Philos. des Rechts". (Vergl. auch: C. Daub: „Vorlesungen ꝛc.", Bd. IV.)

net (Rud. Hofmann), existiert — soweit uns bekannt — keine sie erschöpfende und ihr genugsam gerecht werdende Arbeit.

Als Hauptmängel der Kants Gewissenlehre behandelnden Schriften [1] müssen wir betrachten:

daß sie nur auf eine oder einige Stellen der Kantischen Schriften Bezug nehmen, in denen das Ganze der Lehre nicht zum Ausdruck kommt,

daß sie die Klarlegung des eigentlichen Sinnes der Anschauungsweise Kants verfehlen,

daß sie zudem das Gewissen isoliert von der Gesammtanschauung des Philosophen behandeln, welcher Fehler gemeinlich den anderen nach sich zieht, daß nach vorgefaßtem Maßstabe des eigenen Begriffs= apparates die Lehre eines Autors mehr Unter= als Auslegung erfährt.

Wenn Schopenhauer [2] sagt: „Kants praktische Vernunft mit ihrem kate= gorischen Imperativ ist am nächsten verwandt mit dem Gewissen" und „Wir dürfen voraussetzen, daß Kants Lehre vom Gewissen auch auf den von ihm neu eingeführten Begriff des kategorischen Imperatives Licht zurückwerfen werde," so erscheint hiermit die Notwendigkeit eines Bezugs auf Kants Ethik gleichfalls betont.

Rud. Hofmann [3] sagt geradezu: „Kants kategorischer Imperativ enthält den Schlüssel für seinen Begriff vom Gewissen".

Wir betrachten daher als unsere erste Aufgabe:

in der Einleitung die Grundbegriffe der Ethik Kants zu entwickeln und durch den Hinweis auf das Verhältnis des Gewissensbegriffes

---

[1] Von hier einschlägigen Darstellungen und Kritiken lagen uns vor:
1. Stäudlin: „Geschichte der Lehre vom Gewissen".
2. Schopenhauer: „Grundlage der Moral".
3. Kirchmann: „Erläuterungen zu Kants Schriften".
4. Paffavant: „Das Gewissen".
5. Rud. Hofmann: „Die Lehre vom Gewissen".
6. v. Gizycki: „Die Ethik David Humes".
   „ „Die Philosophie Shaftesburys".
7. Ulrici: „Glauben und Wissen".
8. Volkmann: „Psychologie", Th. II.
9. Ritschl: „Über das Gewissen".
10. Kähler: „Das Gewissen", Th. I.
   Von Monographien über Kants Gewissenslehre sind uns nur zwei bekannt:
11. Quaatz: „De conscientiae apud Kantium notione".
12. Ließ: „Über Kants Lehre vom Gewissen". (Jahresbericht des Pädagogiums in Züllichau 1870.)

[2] Grundlage der Moral, S. 169.

[3] Die Lehre vom Gewissen, S. 64.

zu diesen den Übergang zum ersten Teile unserer Untersuchung zu gewinnen. Dieser enthält die Darlegung der Gewissenslehre bei Kant. Wir wollen darin

zunächst die einzelnen Stellen, in denen Kant seiner Lehre Ausdruck gegeben, chronologisch vorführen, im Anschluß an die mannigfaltigen Auslegungen Kants eigene, wirkliche — durchaus nicht leicht erfaßbare — Anschauungsweise in klares Licht zu setzen versuchen und zum Schlusse dieselbe nach systematischen Gesichtspunkten zusammenfassen. Daran schließt sich ein zweiter Teil, der den Versuch einer Kritik der Gewissenslehre bei Kant, sowie

eine systematische Darstellung unserer eigenen Ansicht über das Gewissen bringen soll.

Wenn nun noch als Standpunkt des Verfassers der der Herbartischen Philosophie bezeichnet wird, so scheint das als Vorwort Nötige beschlossen zu sein.

Einleitung.

„Was Kants System auch für einen Wert haben mochte, es verriet eine seltene Tiefe und Erhebung des Geistes und hatte bei aller Feinheit und Schärfe der Spekulation doch etwas Hinreißendes und Kräftiges an sich. Es bewirkte eine Revolution im philosophischen Forschen über das Sittliche, brachte wiederum einen gründlicheren Geist in die moralischen Forschungen und machte einen desto tieferen und ausgedehnteren Eindruck, je mehr es den damals herrschenden Vorstellungen entgegengesetzt war."

Mit diesen Worten kennzeichnet Stäudlin [1]) die epochemachende Bedeutung der Kantischen Ethik. Und in der That wird Kant mit Recht als ein Re=formator betrachtet, dessen Einfluß ebensowohl die damaligen Träger der Wissen=schaft bewegte, wie er, allmählich bis in die Schichten des Volkes dringend, den deutschen Volksgeist neu belebte und veredelte. Zur rechten Würdigung gerade des letzteren Verdienstes gelangt man erst, wenn man die moralische Gesunkenheit des Kantischen Zeitalters mit als Folge der damaligen ethischen Anschauungen und Bestrebungen und zugleich Kants Auftreten als einen würdigen Kampf gegen die herrschende Philosophie des gesunden Menschenverstandes be=trachtet, die alles Ideale, über den Grenzen des Verstandes Hinausliegende als eitlen Wortkram über Bord warf und an Stelle dessen einen nackten Eudämonismus als einziges Ziel aller Menschenwürde verkündete [2]).

Kant giebt in seiner „Grundlegung zur Metaphysik der Sitten" der Ethik zunächst eine ganz neue Grundlage.

Alle Vernunfterkenntnis in eine materiale und formale trennend, weist er die Beschäftigung mit der letzteren der Wissenschaft der Logik zu. Die Ob=jekte der materialen Vernunfterkenntnis sind entweder die Gesetze der Natur oder die der Freiheit. Die Wissenschaft der ersteren ist die Physik, der letzteren die Ethik. Beide aber trennt er wieder in einen reinen und empirischen Teil. Jener nimmt seine Lehren aus Prinzipien a priori, dieser a posteriori oder aus der Erfahrung her. Der erstere ist die Metaphysik der Natur, der letztere die Metaphysik der Sitten. Daß es nun thatsächlich eine Metaphysik der Sitten geben könne und, da die Erfahrung nie Allgemeinheit und Notwendig=keit aufzuweisen vermöge, die Ethik auf eine solche Metaphysik gegründet werden müsse, erkennt Kant aus der allgemeinen Idee sittlicher Gesetze. Jeder aber, sagt er, müsse doch eingestehen, daß ein Gesetz, wenn es als Grund einer Verbindlichkeit gelten solle, Notwendigkeit und Allgemeinheit mit sich führen, daß es für alle Menschen gleich gelten müsse, wenn anders ihm der Anspruch auf diesen Namen nicht verloren gehen solle.

---

[1]) Geschichte der Moralphilosophie.
[2]) Siehe darüber: Zeller, „Gesch. d. Philos. seit Leibniz".
Bona Meyer, „Philos. Zeitfragen". Abschn. 8.
Hartenstein, „Grundbegr. d. eth. Wissenschaften", S. 59 ff.

1

Nicht in der individuellen Natur der Menschen, nicht in den besonderen Umständen, in denen er sich in die Welt versetzt findet, dürfe demnach der Grund seiner Verbindlichkeit gegenüber dem Sittengesetz gesucht werden, sondern bloß in der Natur des menschlichen Geistes überhaupt — a priori in Gesetzen der reinen Vernunft, die, sofern sie auf einen Willen gehe, praktisch sei. —

Hatte so Kant die Ethik, als die Wissenschaft von den allgemein gültigen Normen unseres Wollens und Handelns, auf eine metaphysische Grundlage gestellt, so unternahm er es in der Grundlegung zur Metaphysik der Sitten und in der Kritik der praktischen Vernunft, diese Grundlage zu schaffen.

Bekannt ist der denkwürdige Satz, mit welchem die Grundlegung zur Metaphysik der Sitten anhebt. „Es ist überall nichts in der Welt, ja auch außerhalb derselben zu denken möglich, was ohne Einschränkung könnte für gut gehalten werden, als allein ein guter Wille."

Indem Kant so vor allem den Gegenstand der sittlichen Wertschätzung, das Objekt der sittlichen Norm feststellt und sich schon dadurch über alle Grenzen des Eudämonismus erhoben hat, ist seine nächste Aufgabe, den Begriff des Sittlichguten zu entwickeln. Er zeigt, wie das, was einem Willen das Merkmal des Guten gebe, nicht etwas aus der Erfahrung Stammendes, nicht seine Tauglichkeit zur Erreichung irgend eines Zweckes, nicht die Befriedigung irgend einer Neigung sein könne, sondern allein in der Beschaffenheit des Willens, d. h. in der Maxime beruhe, nach welcher der Wille beschlossen wird [1]).

Diese Maxime aber ist ihm der Begriff der Pflicht oder „die Notwendigkeit einer Handlung aus Achtung vor dem Gesetz." Gut ist daher nur derjenige Wille, der dem Sittengesetz entspricht und aus Achtung vor ihm entsprungen ist.

Das Prinzip des Sittlichguten ist also „objektiv das Gesetz, subjektiv reine Achtung für dieses Gesetz" [2]).

Welches nun aber dieses Gesetz als objektives Prinzip der Sittlichkeit sei, findet Kant aus einer Betrachtung der Maximen, als der subjektiven Normen für den Willen.

Welches Inhaltes müssen subjektive Normen sein, um sich zu einer objektiven Norm, zum Gesetze zu erheben, dessen Eigenschaften strenge Allgemeinheit und Notwendigkeit sein müssen? fragt Kant. Mit Rücksicht auf ihren Inhalt sind sie zweifacher Art: material oder formal.

Material sind diejenigen, welche einen Gegenstand des Begehrungsvermögens als Bestimmungsgrund des Willens voraussetzen. Sie sind insgesamt empirisch; denn es wird bei ihnen vorausgesetzt, daß etwas begehrt werde, daß man Lust an etwas empfinde, und dies kann nur aus der Erfahrung erlangt werden. Solche Grundsätze können daher auch nicht für alle vernünftigen Wesen gültig sein. Denn, was Lust, Begierde, was überhaupt Erfahrung betrifft, weichen die Menschen sehr von einander ab. Von dieser Art sind aber die Grundsätze des Eudämonismus insgesamt, weil sie sich alle auf die Annehmlichkeit, die man von der Wirklichkeit oder dem Besitze eines Gegenstandes erwartet, gründen und den Bestimmungsgrund des Willens in das sinnliche Begehrungsvermögen setzen.

Allgemein und notwendig kann daher nur eine solche Maxime sein, welche nicht der Materie, sondern bloß der Form nach den Bestimmungsgrund des Willens enthält.

---

[1]) Hartenstein: Kants sämmtl. Werke (Ausg. in 8 Bd.) „Grundl. z. Metaph. d. S.", Bd. IV, S. 247.
[2]) ibid., S. 248.

Wenn man jedoch von einem Gesetze alle Materie absondert, so bleibt nichts übrig als die Form einer allgemeinen Gesetzgebung.

Ein praktisches Gesetz, das Sittengesetz, kann also nur eine solche Maxime sein, welche der Form einer allgemeinen Gesetzgebung entspricht.

Von dieser Beschaffenheit ist aber nur die eine: „Handle so, daß die Maxime deines Willens immer zugleich als Prinzip einer allgemeinen Gesetzgebung gelten könne ¹).“

Dieses Gesetz — der berühmte kategorische Imperativ — ist demnach das objektive Prinzip aller Sittlichkeit, das oberste Sittengesetz.

Darauf aber, daß die menschliche Vernunft sich selbst dies Sittengesetz giebt und der Wille ihm aus bloßer Achtung gehorcht, beruht einerseits der Adel seiner Abkunft, sein Wert, andererseits die Autonomie des Willens, und indem die praktische Vernunft fordert, daß wir allein aus Achtung vor dem Gesetz handeln, setzt sie voraus, daß wir es vermögen, daß wir frei sind.

Freilich wir Menschen sind auch Naturwesen, wir sind als solche dem Gesetze der Naturnotwendigkeit unterworfen.

Soll daher unsere Freiheit und damit die moralische Zurechnung noch ge= wahrt bleiben, so muß sie uns nicht als Naturwesen, nicht als Erscheinungen, sondern als Dingen an sich, als noumena beigelegt werden ²).

Wenn man Naturnotwendigkeit und Freiheit sich vereint denken will in einer und derselben Handlung, so entstehen zwar große Schwierigkeiten, allein der scheinbare Widerspruch löst sich, wenn man erwägt, daß die Naturnot= wendigkeit, welche mit der Freiheit allerdings nicht bestehen kann, bloß den Handelnden, sofern er unter Zeitbedingungen steht und Erscheinung ist, betrifft, daß also die Bestimmungsgründe seiner Handlungen nur darin liegen, was der vergangenen Zeit angehört und nicht mehr in seiner Gewalt ist.

Aber dasselbe handelnde Wesen ist sich auch seiner, als eines Dinges an sich bewußt, es betrachtet sich auch, sofern es sich autonomisch durch Gesetze bestimmen kann, die es sich selbst giebt. Und in diesem intelligibeln Dasein geht gar nichts vor seiner Willensbestimmung vorher; jede seiner Handlungen ist nur als Folge, nicht aber als Ursache, nicht als Bestimmungsgrund seiner noumenalen Wirksamkeit zu betrachten. Diese Fähigkeit des Willens, unab= hängig von aller Naturnotwendigkeit, sich selbst ein Gesetz zu geben und nach ihm sich selbst zu bestimmen, ist die transcendentale Freiheit des Menschen.

Sie ist eine moralisch notwendige Voraussetzung, weil ohne sie Moralität unmöglich wäre. Nur mit Rücksicht auf sie, sagt Kant, kann ein vernünftiges Wesen von jeder gesetzwidrigen Handlung, die es verübt hat, — abgesehen davon, daß sie als Erscheinung in dem Vorhergegangenen hinreichend bestimmt und insofern notwendig war — doch mit Recht sagen, daß es sie hätte unter= lassen können: „denn sie samt allem Vorhergegangenen, wodurch sie hervorgerufen wurde, gehört zu einem einzigen Phänomen seines intelligibeln Charakters, den er sich selbst verschafft, und nach welchem er sich die Handlung selbst zurechnet.“

Ist dies in kurzen Zügen die Grundlage der Kantischen Ethik, so fragt sich's nun, wie reiht sich seine Lehre vom Gewissen ein in diese Anschauungs= weise?

Sie knüpft offenbar an das Moment der moralischen Zurechnung an.

Diese wurde durch die transcendentale Freiheit nur zu einem Teile erklärt. Jene andere Frage: Wie kommt es, daß das Sittengesetz überhaupt als für unsern Willen bindend angesehen wird? blieb damit noch unbeantwortet.

---

¹) Krit. d. pr. V., Bd. V, S. 32. und „Grundl. z. Metaph.“ — Bd. IV, S. 269.
²) Krit. d. pr. V., Bd. V, S. 99. ff.

1 *

Denn die transcendentale Freiheit erklärte bloß, unter welcher Bedingung das als verpflichtend anerkannte Gesetz frei befolgt werden könne. Das Bewußtsein der Verpflichtung selbst erklärt nach Kant nur die An=nahme eines andern „wundersamen Vermögens," das des Gewissens als der Vorbedingung zur Empfänglichkeit für das Sittengesetz, den kategorischen Im=perativ [1).

Was nun bei Kant das Gewissen sei, ist unsere nächste Frage. Mit ihr kommen wir zum eigentlichen Gegenstande unsrer Untersuchung.

Theil I.

Darstellung der Lehre Kants vom Gewissen.

An drei [2) Stellen seiner Schriften redet Kant von dem Gewissen.

Wir beginnen mit Kants Gewissensbegriff, wie er in der Schrift „Religion innerhalb den Grenzen der bloßen Vernunft" (1793) niedergelegt ist.

Hier heißt es in dem Abschnitte „Vom Leitfaden des Gewissens in Glaubens=sachen": „Das Gewissen ist ein Bewußtsein, das für sich selbst Pflicht ist."

Das Ungenügende dieser Definition, die auf den ersten Blick in ihrer Allgemeinheit geradezu unverständlich erscheint, mag Kant wohl eingesehen haben; denn was nun eigentlich der Inhalt jener unbedingten Pflicht, deren Bewußt=sein ihm das Wesen des Gewissens auszumachen schien, was also das Wesen des Gewissens selbst sein sollte, blieb damit noch unerklärt. An der Hand eines Zweifels, ob ein derartiges Bewußtsein unbedingter Pflicht überhaupt denkbar sei, versucht daher Kant, den Inhalt dieser festzustellen. Er findet ihn durch Hinweis auf einen evidenten moralischen Grundsatz, der keines Beweises bedürfe: „Man solle nichts auf die Gefahr hin wagen, daß es unrecht sei."

Dieser Grundsatz enthält thatsächlich eine unbedingte Pflicht; das Ge=wissen aber ist das Bewußtsein derselben, das Bewußtsein davon also, daß man nichts auf die Gefahr eines Unrechtes wage; mit andern Worten, daß man stets das Rechte thun solle.

Allerdings, so fährt Kant fort, ist damit die Entscheidung über die Recht=lichkeit oder Unrechtmäßigkeit einer Handlung noch keineswegs dem Gewissen übertragen; denn „dies ist Aufgabe des Verstandes;" und ebensowenig ist mit dem Grundsatze, der das Wesen des Gewissens ausmachen soll, schlechthin die Forderung ausgesprochen, den sittlichen Wert oder Unwert jeder möglichen Handlung zu erkennen; aber das eine fordert er mit Bestimmtheit, daß man von dem sittlichen Werte der zu unternehmenden Handlung fest überzeugt sei, wie Kant sagt, „ich muß von der Handlung, die ich unternehmen will, nicht allein urteilen und meinen, sondern auch gewiß sein, daß sie nicht unrecht sei."

An derselben Stelle findet sich noch eine Erklärung des Gewissens, die, wenn nicht dem Wesen, so doch ihrer Form nach, von der eben dargelegten abweicht.

[1) Tugendlehre W. W., Bd. VII, S. 204. „Denn hätte der Mensch wirklich kein Ge=wissen, so würde er sich auch nichts als pflichtmäßig zurechnen, oder als pflichtwidrig ver=werfen".

[2) In der Schrift „Über das Mißling. eines jed. Verf. in der Theodicee" findet sich auch ein Gedanke über das Gewissen; doch enthält er bloß eine aus des Philosophen eigentümlicher Auffassung des Gewissensbegriffes folgende Konsequenz; indessen findet auch diese Stelle in unserer Untersuchung Berücksichtigung.

Während nämlich der Ausgangspunkt dieser das eigentliche Wesen des Gewissens ist, betont die folgende mehr die daraus fließende That desselben. Hier sagt Kant: „Man könnte das Gewissen auch so definiren: „Es ist die sich selbst richtende Urteilskraft."

Um Mißverständnisse zu verhindern, zu denen diese Definition leicht Veranlassung geben kann und die, wie wir später darzuthun haben werden, wirklich mehr als einmal aufgetreten sind, fügt Kant zu seiner Begriffserklärung eine Erläuterung, durch die wir mit einem Male einen richtigen Einblick in die eigentümliche Auffassungsweise Kants gewinnen.

Die Definition, ihrer Fassung nach, könnte zu der Annahme verleiten, das Gewissen bethätige sich in der Beurteilung unserer Handlungen, es billige die sittliche Handlung und verurteile die unsittliche. Allein so ist es nicht. Die sittliche Beurteilung einer Handlung ist Aufgabe der praktischen Vernunft; das Gewissen selbst aber ist der Richter über die praktische Vernunft, indem es dieselbe lobt oder tadelt, ja nach der Gewißheit und Behutsamkeit, mit der sie ihr sittliches Urteil gefällt. Kant sagt, „das Gewissen richtet nicht die Handlungen als Casus, die unter dem Gesetze stehen, das thut die Vernunft, sofern sie subjektiv praktisch ist, sondern hier richtet die Vernunft sich selbst, ob sie auch wirklich jene Beurteilung der Handlungen mit aller Behutsamkeit (ob sie recht oder unrecht sind) übernommen habe, und stellt den Menschen wider und für sich selbst zum Zeugen auf, daß dieses geschehen oder nicht geschehen sei."

Deutlicher als hieraus kann nicht erhellen, daß Kant das Gewissen nicht auf die unmittelbare Beurteilung der Sittlichkeit einer Handlung bezieht, sondern daß nach ihm das Gewissen in seinem empirischen Ausdrucke vielmehr eine Beurteilung dieses Urteils selbst sei, daß es in einem richtenden Ausspruche die Frage beantworte, ob das von der praktischen Vernunft ausgesprochene moralische Urteil mit aller Behutsamkeit und Gewißheit gefällt worden sei."

Gleichwohl ist Kant mißverstanden worden und erfährt noch jetzt Angriffe, die, mag seine Ansicht eine wahre oder falsche sein, ihn nie zu widerlegen vermögen, weil sie nicht gegen Kants eigene Ansicht, sondern gegen die ihm fälschlich untergelegte sich richten.

Ehe wir dies aber des Näheren darzuthun und zu begründen haben, gehen wir über zur zweiten Stelle, an der Kant seine Ansicht vom Gewissen niederlegt, zu sehen, ob und wie weit Kant der frühern Ansicht treu bleibt. Diese Stelle findet sich in der „Tugendlehre" (W. W., Bd. VII, S. 202 ff). Unter dem Abschnitte „Ästhetische Vorbegriffe der Empfänglichkeit des Gemüts für Pflichtbegriffe überhaupt," führt Kant auch das Gewissen auf. Es ist nebst dem moralischen Gefühle, der Nächstenliebe und der Selbstachtung eine Bedingung zur Empfänglichkeit für Pflichtbegriffe. Alle diese Vorbedingungen müssen ursprünglich im Menschen vorhanden sein, wenn anders überhaupt der Pflichtbegriff des Sittengesetzes in unser Wollen und Handeln übergehen soll.

Nicht empirischen Ursprungs also kann das Bewußtsein solcher Gemütsanlagen sein, sondern es ist einzig und allein die Folge der Erkenntnis eines Sittengesetzes. Kant sagt: „Sie sind insgesamt ästhetische und vorhergehende, aber natürliche Gemütsanlagen, durch Pflichtbegriffe affiziert zu werden; Anlagen, welche zu haben nicht als Pflicht angesehen werden kann, sondern die jeder Mensch hat, und kraft deren er verpflichtet werden kann."

So ist denn auch das Gewissen nicht etwas „Erwerbliches", und es giebt keine Pflicht, sich eines anzuschaffen, sondern jeder Mensch, als sittliches Wesen, hat ein solches ursprünglich in sich." Man merke wohl auf die Beziehung, in der hier Kant das Wort „ursprünglich" gebraucht; man erwäge zugleich seine oben ausgesprochene Ansicht: das Bewußtsein dieser Gemütsanlagen „kann nur auf das eines moralischen Gesetzes, als Wirkung desselben aufs Gemüt, folgen", und sogleich tritt das Irrige all der Auffassungen zu Tage, welche vermeinen, Kant habe durch seine Vorstellungsweise angeborene praktische Ideen in der menschlichen Seele angenommen, angeboren in dem Sinne, wie sie von Locke Bekämpfung erfahren. Kant behauptet mit der Ursprünglichkeit jener Gemütsanlagen einfach die in seiner Natur begründete Fähigkeit des Menschen, sich, sobald die praktische Vernunft ihm das Sittengesetz, den Pflichtbegriff vorhält und nicht eher (etwa von Geburt an), solcher Gemüts- oder Seelenanlagen bewußt zu werden.

Wenn diese Auffassung mit Notwendigkeit aus Kants wörtlich angeführter Behauptung, „das Bewußtsein der moralischen Gemütsanlage sei die Wirkung des Pflichtbegriffs auf unsere Seele," sich ergiebt, so ist ebensowenig in dem zweiten Satze: „sondern jeder Mensch hat als sittliches Wesen ein solches (das Gewissen) in sich," eine andere Deutung zulässig, sobald man nur das „ursprünglich" auf den Menschen als „sittliches Wesen" und nicht als „Naturprodukt" bezieht.

Beide Begriffe sind auseinander zu halten, insofern man von dem ersteren bloß mit Bezug auf das Vorhandensein einer ethischen Einsicht spricht. Nachdem auf diese Weise Kant das Gewissen als etwas Ursprüngliches, als Vorbedingung zur Bestimmung des Gemüts durch den Pflichtbegriff dargethan und mit der Frage nach dem Ursprunge des Gewissens ein neues Moment seiner Lehre beigefügt hat, giebt er auch hier eine Definition des Gewissensbegriffes. Er nennt das Gewissen „die dem Menschen in jedem Falle eines Gesetzes seine Pflicht zum Lossprechen oder Verurteilen vorhaltende praktische Vernunft."

Es scheint auf den ersten Blick, als ob an dieser Stelle mit der veränderten Fassung der früheren Begriffsbestimmung auch eine Änderung ihres Sinnes eingetreten sei. Gleichwohl finden wir nur die Lehre aus der „Religion innerhalb der Grenzen der bloßen Vernunft" in dieser Definition wieder. Freilich kann wohl kaum geleugnet werden, daß sie nach Form und Inhalt der ersteren nachsteht. Denn abgesehen davon, daß sie zur Verwirrung der Begriffe „praktischer Vernunft" und „Gewissen" überhaupt leicht Veranlassung geben kann, liegt mit Rücksicht auf die in der „Religion innerhalb der Grenzen der bloßen Vernunft" gegebenen ihr Mangel vor allem darin, daß sie über der Wirkung, der Bethätigung des Gewissens das Wesen, als Quelle seiner Bethätigung, außer Acht läßt. Gleichwohl zeigt die folgende Ausführung Kants, daß eine Identifizierung des Gewissens mit „praktischer Vernunft," als der sittlichen Beurteilung — eine Mißdeutung seiner Lehre sei; sie zeigt andererseits, daß Kant in dieser Schrift, die in der „Religion innerhalb der Grenzen der bloßen Vernunft" niedergelegte Ansicht über das Gewissen durchaus nicht ändert.

Kant fügt seiner Erklärung ausdrücklich die Worte hinzu „seine (des Gewissens) Beziehung also ist nicht die auf ein Objekt, sondern bloß aufs Subjekt (das moralische Gefühl durch ihren Akt zu affizieren), also eine unausbleibliche Thatsache, nicht eine Obliegenheit und Pflicht." Wenn man daher sagt: „Dieser Mensch hat kein Gewissen," so meint man damit, er kehrt sich nicht an den Ausspruch desselben. Denn hätte er wirklich keins, so würde er sich auch nichts als pflichtmäßig zurechnen, oder als pflichtwidrig vorwerfen, mithin auch selbst die Pflicht, ein Gewissen zu haben, sich gar nicht denken können."

Es kommt hier vor allem auf den ersten Satz an: „Seine Be=
ziehung ist also nicht die auf ein Objekt, sondern bloß aufs Subjekt."
Dieser sagt nichts anderes, als daß Gewissen sei keineswegs das Urteil
der praktischen Vernunft, das sich eben auf ein Objekt, eine Handlung bezieht,
sondern sein Richterspruch erstrecke sich nur auf die praktische Vernunft·selbst, es
sei eine Beurteilung ihres Urteils und bewirke dadurch eine entsprechende
Affektion des moralischen Gefühls.

Im herben Mißverhältnis hierzu steht die Auffassungsweise Kirchmanns,
der in seiner Erklärung dieser Stelle sagt: „Kant identifiziert das Gewissen
mit der in dem einzelnen Falle urteilenden praktischen Vernunft" ¹).

In bedenkliches Licht tritt zugleich der Wert seiner aus dieser falschen
Auslegung gezogenen Konsequenzen. Er fährt fort: „Darnach wäre man im
Stande, aus seinem Gewissen den Inhalt des Sittlichen zu entnehmen, allein
dies ist eine Täuschung, wie daraus erhellt, daß das Gewissen nach der Er=
ziehung des Einzelnen und der unterschiedlichen Sittlichkeit der Völker und
Zeiten ein und dasselbe bald geboten, bald verboten hat. Der sittliche Inhalt
wird vielmehr dem Menschen weder durch seine Vernunft noch durch sein Ge=
wissen zugeführt, sondern nur durch die Erziehung und das Leben in seinem
Volke und in seiner Zeit. Dieser Inhalt geht aber durch den ununterbrochenen
Einfluß der Autoritäten auf das Handeln des Einzelnen eine so enge Ver=
knüpfung mit dem Achtungsgefühl oder dem Gewissen ein, daß der gewöhnliche
Mensch glaubt, in seinem Gewissen von Anfang ab auch den Inhalt des
Sittlichen zu besitzen."

Der Fehler Kirchmanns beruht in der Mißdeutung des Sinnes, in dem
hier von Kant das Wort „praktische Vernunft" gebraucht wird. Wenn Kant das
Gewissen „die in jedem einzelnen Falle eines Gesetzes seine Pflicht zum Lossprechen
oder Verurteilen vorhaltende praktische Vernunft" nennt, so identifiziert er ge=
gewiß nicht, wie Kirchmann meint, das Gewissen mit sittlicher Einsicht; denn
das würde ja seiner eignen Erklärung geradezu widersprechen, da doch das
Urteil des Gewissens nicht die Handlung als Casus, die unter das Gesetz fällt,
beurteilt.

Es hat an dieser Stelle vielmehr Vernunft jenen allgemeinen Sinn des
Vermögens, Ideen zu fassen. Sofern nun diese auf die Bestimmung unseres
Willens sich beziehen, heißt die Vernunft praktisch. Das Gewissen selbst aber,
als das Bewußtsein der unbedingten Pflicht, das Rechte zu thun, wie uns
die frühere Stelle dargethan, ist als solches natürlich auch ein Faktor der
praktischen Vernunft in diesem allgemeinen Sinne des Worts und wird von
Kant vom Gesichtspunkte seiner Bethätigung, „die dem Menschen in jedem
Falle eines Gesetzes seine Pflicht zum Lossprechen oder Verurteilen vorhaltende
praktische Vernunft" genannt.

Keineswegs also ist das Gewissen identisch mit der praktischen Vernunft,
sofern man hierunter die sittliche Einsicht des Menschen versteht.

Unrichtig auch ist jene Ansicht, welche in der Tugendlehre eine Änderung
des in der „Religion innerhalb der Grenzen der bloßen Vernunft" aufgestellten
Gewissensbegriffes erblickt.

So sagt Stäudlin („Geschichte der Lehre vom Gewissen"): „In einer
späteren Schrift (er bezieht sich auf unsere Stelle) veränderte oder erweiterte
Kant wirklich seinen Begriff." Er führt dann unsere Stelle an, aber ohne
weitere Begründung, bloß auf die wörtliche Verschiedenheit der beiden De=

---

¹) Kirchmann, Tugendlehre: Erläuter. 99.

finitionen hin, schließt er seine Behauptung mit den Worten: „Hier ist offenbar ein anderer Begriff vom Gewissen als der vorher angeführte."

Wir haben wohl zugeben müssen, daß letztere Definition der früheren gegenüber den Mangel habe, daß sie nicht das Wesen des Gewissens, sondern nur die daraus sich ergebende Konsequenz zum Ausdruck bringe. Indessen zeigt die gleichzeitig von uns angeführte Erklärung, die Kant seiner Definition hin= zugefügt, zur Genüge, daß er darum keineswegs einen andern, vom früheren abweichenden Begriff des Gewissens sich gebildet hat.

Vielberufen und wichtig für die eigentümliche Fassung des Gewissens= begriffes ist die Folgerung, die Kant an diesem Orte aus seiner Anschauungs= weise zieht, die Behauptung nämlich, daß es kein irrendes Gewissen gebe. („Das irrende Gewissen ist ein Unding").

Sie schließt den letzten Zweifel darüber aus, ob nicht Kant etwa Gewissen und sittliche Einsicht identifiziert habe. Freilich, bei Beurteilung dieser Ansicht sollte man sich vor allem von der Notwendigkeit, sie streng innerhalb ihres Zusammenhangs mit dem Kantischen Gewissensbegriffe zu betrachten, leiten lassen. Es würde sich dann zeigen, daß sie eine notwendige Konsequenz der Kantischen Gewissenstheorie sei, und daß ihre scheinbare Paradoxie keineswegs auf einer durch die alltägliche Erfahrung zu widerlegenden sinnlosen Behaup= tung beruhe, sondern in des Philosophen eigentümlicher Fassung des Ge= wissensbegriffes notwendig begründet liegt.

Wenn Kant das Gewissen „als die dem Menschen in jedem Falle eines Gesetzes seine Pflicht zum Lossprechen oder Verurteilen vorhaltende praktische Vernunft" erklärt und der Richterspruch (wie wir aus der ersten Definition „Religion innerhalb der Grenzen der bloßen Vernunft" erfahren) auf Grund des Bewußtseins, daß das Urteil der Vernunft ein Ausfluß voller Überzeu= gung gewesen sei oder nicht, ausgesprochen wird — was kann anderes hieraus folgen, als: es giebt kein irrendes Gewissen!

Kant sagt mit Recht: „denn in dem objektiven Urteile, ob etwas Pflicht sei oder nicht, kann man wohl irren, aber im subjektiven, ob ich es mit meiner praktischen Vernunft verglichen habe, kann ich nicht irren, weil ich dann prak= tisch gar nicht geurteilt haben würde, in welchem Falle weder Irrtum noch Wahrheit stattfindet."

So gewiß im Sinne Kants das Gewissen als Richterspruch über die von der praktischen Vernunft gefällte Beurteilung unserer Handlungen auftritt als ein Urteil, welches verdammt, wenn die Beurteilung nicht ein Ausfluß voller Überzeugung war, und lossprichtt, wenn sie als Resultat innerer Ge= wißheit und Vorsicht auftrat, so gewiß kann mein Gewissen nie irren. Denn, wenn ich schon nicht weiß, ob mein sittliches Urteil ein objektiv richtiges ist oder nicht, — ob die vollkommene Überzeugung seiner Richtigkeit in meinem Bewußtsein lebt, das muß ich wissen, sobald ich dasselbe fälle.

Fast mit den nämlichen Worten wie in der Tugendlehre spricht Kant seine Ansicht vom irrenden Gewissen in einer früheren Schrift „Über das Mißlingen aller Versuche in der Theodicee" (1791) aus. Diese Stelle konnte gleichwohl erst hier in unsere Untersuchungen hereingezogen werden, weil in ihr Kants Lehre vom Gewissen keinen eigentlichen Ausdruck findet und daher auch der Gedanke über das irrende Gewissen nicht in solch deutlichem Zu= sammenhange mit der ganzen Kantischen Auffassungsweise hervorgetreten wäre, als hier, wo wir ihn als Beleg bringen, daß schon damals (1791) unser Philosoph einen festen und von dem oben dargelegten durchaus nicht abweichen=

den Begriff des Gewissens aufgestellt hat. Die betreffende Stelle steht in der „Schlußanmerkung". (Bd. VI. S. 89.)

Kant spricht daselbst über die „Aufrichtigkeit als Haupterfordernis in Glaubenssachen".

„Daß das, heißt es hier, was Jemand sich selbst oder einem Andern sagt, wahr sei, dafür kann er nicht jederzeit stehen (denn er kann irren); dafür aber kann und muß er stehen, daß sein Bekenntnis oder Geständnis wahrhaft sei; denn dessen ist er sich unmittelbar bewußt. Er vergleicht nämlich im erstern Falle seine Aussage mit dem Objekt im logischen Urteile (durch den Verstand); im zweiten Falle aber, da er sein Fürwahr= halten bekennt, mit dem Subjekt (dem Gewissen)".

„Moralisten reden von einem irrenden Gewissen. Aber ein irrendes Ge= wissen ist ein Unding, und, gäbe es ein solches, so könnte man niemals sicher sein, recht gehandelt zu haben, weil selbst der Richter in der letzten Instanz noch irren könnte. Ich kann zwar in dem Urteile irren, in welchem ich glaube, Recht zu haben: denn das gehört dem Verstande zu, der allein (wahr oder falsch) objektiv urteilt; aber in dem Bewußtsein: ob ich in der That glaube, Recht zu haben (oder es bloß vorgebe), kann ich schlechterdings nicht irren, weil dieses Urteil oder vielmehr dieser Satz bloß sagt, daß ich den Gegenstand so beurteile".

Auch Fichte (System der Sittenlehre nach Prinzipien der Wissenschafts= lehre S. 225) sagt ganz übereinstimmend mit Kant: „Es ist durch die soeben gegebene Deduction auf immer aufgehoben und vernichtet die nach den meisten Moralsystemen noch stattfindende Annahme eines irrenden Gewissens". Über= haupt finden wir wie bei keinem andern Philosophen die Übereinstimmung mit Kants Gewissenstheorie größer als gerade bei Fichte, Kants größtem Schüler. Er nennt (System der Sittenlehre S. 225) Kants Definition: „das Gewissen ist ein Bewußtsein, das für sich selbst Pflicht ist", einen richtigen und erhabenen Ausspruch und findet zweierlei darin: Einmal, „daß es unbe= dingte Pflicht sei, sich jenes Bewußtsein zu erwerben",

Zweitens, „daß die Materie desselben bloße Pflicht sei". Freilich scheint ersteres in Widerspruch zu stehen mit Kants Ausspruch (Tugendlehre S. 204): „das Gewissen ist nichts Erwerbliches, und es giebt daher keine Pflicht, ein solches zu haben".

Doch der Widerspruch löst sich durch die Erklärung, die Fichte seinem Satze hinzufügt: „jeder soll schlechthin sich überzeugen, was seine Pflicht sei."

In diesem Sinne hätte nun allerdings auch Kant der Fichte'schen Aus= legung Beifall zollen müssen; denn es ist ja in ihr bloß der Inhalt jenes Pflichtbewußtseins angegeben, wie er auch von Kant selbst, nur mit anderen Worten, ausgedrückt wurde [1]).

Von einem andern Gesichtspunkte dagegen, meint Kant, Gewissen zu haben, sei keine Pflicht, indem er nämlich dasselbe als Anlage betrachtet. Insofern das Gewissen als notwendige „Gemütsanlage zur Empfänglichkeit für Pflicht= begriffe überhaupt" angesehen wird, kann es nichts Erwerbliches sein [2]); denn dann entwickelt es sich aus der Natur des menschlichen Geistes unabhängig von aller Erfahrung, — es ist a priori.

---

[1]) Tugendlehre, S. 201 „Wenn aber Jemand sich bewußt ist, nach Gewissen gehandelt zu haben, so kann von ihm, was Schuld oder Unschuld betrifft, nichts mehr verlangt werden. Es liegt ihm nur ob, seinen Verstand über das, was Pflicht ist oder nicht, aufzuklären".

[2]) Erwerblich wird hier von Kant in dem Sinne von a posteriori — aus der Er fahrung stammend — gebraucht. Siehe darüber Teil II:„ Ursprung des Gewissens", S. 28 ff.

Keineswegs also schließt die Ursprünglichkeit des Gewissens in diesem Sinne seine Erwerblichkeit in jenem Fichte'schen aus, wo unter Erwerblichkeit nur die im Inhalte der Pflicht liegende Möglichkeit, sich ein dem Pflichtbegriffe entsprechendes Bewußtsein in jedem einzelnen Falle einer Handlung zu ver= verschaffen, verstanden wird.

Was ferner Fichte unter seinem Zweiten verstehe, daß nämlich dieses Be= wußtsein nichts weiter sei als ein Bewußtsein der Pflicht, erläutert er so: Die Materie des Bewußtseins sei selbst Pflicht, und zwar darum „weil es Materie dieser Art des Bewußtseins sei".

Das Gewissen nämlich gebe nicht eine bestimmte Materie der Pflicht her, denn das thue die Urteilskraft; aber die Evidenz liege in ihm, das Gefühl der Gewißheit, im Falle einer bestimmten Handlung mit dem durch die Ur= teilskraft gegebenen Gesetz übereinzustimmen. Diese Evidenz sei der einzige Inhalt jener Pflicht. Kant gab demselben Gedanken Ausdruck, indem er sagte, der Inhalt jenes Bewußtseins schließe nicht zugleich den Inhalt des Sitten= gesetzes, nicht das, was überhaupt recht oder unrecht sei, ein, sondern sei bloß die unbedingte Pflicht, recht zu handeln [1].

Doch eines vermißte Fichte bei Kant, die systematische Begründung der Möglichkeit eines derartigen Bewußtseins. Er sagt (Seite 213 a. a. O.): „Aber ist denn ein solches Bewußtsein möglich, und woran erkenne ich denn dasselbe? Kant scheint dies auf dem Gefühle eines Jeden beruhen zu lassen, auf welchem es denn allerdings auch beruhen muß; jedoch hat die transcen= dentale Philosophie die Verbindlichkeit auf sich, die Möglichkeit eines solchen Gefühls der Gewißheit zu begründen".

Das versucht denn auch Fichte und — so den Fortschritt der Kantischen Gewissenstheorie anbahnend — führt er, wie es nach dem Prinzip seiner Philosophie nicht anders zu erwarten ist, auch diese Erscheinung des seelischen Lebens auf das „ursprüngliche Ich" zurück. Er geht dabei von der Frage aus, ob es denn überhaupt ein absolutes Kriterium der Richtigkeit einer Überzeugung, ob es ein Gefühl absoluter Gewißheit geben könne. Er bejaht diese Frage und findet den Beweis darin, daß nur unter der Annahme eines derartigen Kriteriums pflichtmäßiges Verhalten überhaupt möglich sei. Zufolge des Sittengesetzes aber sei letzteres thatsächlich, folglich, schließt Fichte, müsse auch ein solches Kriterium vorhanden sein.

Denn „ohne was es überhaupt keine Pflicht geben könnte, ist absolut wahr, und es ist Pflicht, dasselbe für wahr zu halten". (S. 214 a. a. O.).

Was ist nun aber das absolute Kriterium der Richtigkeit meiner Über= zeugung? Es besteht für Fichte in dem Gefühle unbestechlicher Gewiß= heit. „Wer seiner Sachen gewiß ist, der wagt es darauf, daß er sie und die Grundsätze, nach denen er sie eingerichtet hat, nicht abändern könne, daß seine Freiheit über diesem Punkte ganz verloren gehe, daß er in diesem Ent= schlusse auf immer bestätigt werde. Dies ist das einzig sichere Kriterium der wahren Überzeugung".

Ein solches Gefühl der Gewißheit selbst aber entsteht aus dem „Zusammen= treffen eines Aktes der Urteilskraft mit dem sittlichen Triebe. Es setzt den Menschen in Harmonie mit dem ursprünglichen Ich, welches über alle Zeiten und Veränderungen in der Zeit erhaben ist". Daher erhebt sich in dieser Vereinigung das empirische Ich gleichfalls über allen Zeitwechsel und setzt sich

---

[1] „Religion innerhalb der Grenzen der bloßen Vernunft", S. 285: „Ob eine Handlung überhaupt recht oder unrecht sei, darüber urteilt der Verstand, nicht das Gewissen".

als absolut unveränderlich). Darin findet Fichte zugleich die Unerschütterlichkeit einer festen Überzeugung, sowie ihre Untrüglichkeit begründet ¹).

Konsequent in seiner Anschauung und ebenso übereinstimmend mit Kant wird schließlich auch von ihm die Annahme eines irrenden Gewissens zurück=gewiesen. „Das Gewissen irrt nie (heißt es S. 226) und kann nicht irren; denn es ist unmittelbares Bewußtsein unseres reinen ursprünglichen Ich, über welches kein anderes Bewußtsein hinausgeht, das nach keinem andern Bewußt=sein geprüft und berichtigt werden kann, das selbst Richter aller Überzeugung ist und keinen höhern Richter über sich anerkennt".

Verschieden in ihrer Begründung, je nach ihren philosophischen Prinzipien, gleichwohl aber einstimmig in ihren Resultaten, stellen Kant und Fichte somit dieselbe Lehre über das Gewissen auf. Kant nennt es ein Bewußtsein, das für sich selbst Pflicht ist, und Fichte drückt den nämlichen Begriff in den be=stimmteren Worten aus: „Das Gewissen ist das Bewußtsein unsrer bestimmten Pflicht".

Nach dieser wie jener Definition ist ein irrendes Gewissen ein „Unding".

An der Fichte'schen Beleuchtung der Gewissenslehre Kants, durch deren Darlegung Kants Auffassungsweise noch klarer hervorgetreten sein möchte, hätten neuere Beurteiler auch lernen können, den schlimmen Fehler zu ver=meiden, die zu beurteilenden Gedanken eines Autors außerhalb ihres Zu=sammenhangs zu betrachten. Wie leicht auf diese Weise dem Schriftsteller Unrecht geschehen kann, sollte man für überflüssig zu bemerken halten, wenn nicht selbst gute Denker (Schopenhauer beispielsweise ²) sich dessen schuldig gemacht.

Eine schlimmere und unvorsichtigere Polemik hat Kants Satz vom irren=den Gewissen aber wohl kaum erfahren als bei Gizycki ³), welcher sich des langen und breiten über die Widersinnigkeit der Kantischen Lehre vom irrenden Gewissen ergehen kann, da er seine Kritik auf unhermeneutische und daher falsche Voraussetzungen basirt.

„Das Gewissen", sagt Gizycki, „soll unfehlbar sein!" „Aber muß man sich denn nicht wundern, wie Jemand, der mit Natur und Geschichte seiner Gattung nicht völlig unbekannt ist, mit gutem Gewissen sagen kann, daß es kein irrendes Gewissen gebe. Sind denn die sogenannten Naturmenschen nicht auch Menschen? Die Indianer z. B. sind sehr mit sich zufrieden, wenn sie Angehörige eines anderen Stammes scalpieren, und werden deswegen auch von Anderen geachtet. Menschenopfer sind von fast allen rohen Völkern ihren Göttern dargebracht worden. Ja, wir brauchen uns gar nicht auf die Wilden zu berufen. Haben doch schon einigermaßen civilisierte Völker aus der Aus=rottung von Andersgläubigen und dem Morden selbst ihrer Kinder und Säug=linge eine eigentliche Gewissenssache gemacht".

---

¹) An anderer Stelle (Abschn. II, S. 220) sagt er hierüber:
„Dies Resultat des Gesagten ist: ob ich zweifle oder gewiß bin, habe ich nicht durch Argumentationen, deren Richtigkeit wieder eines neuen Beweises bedürfte, und dieser Beweis wieder eines neuen Beweises und so ins unendliche, sondern durch unmittelbares Gefühl. Nur auf diese Art läßt sich die subjektive Gewißheit, als Zustand des Gemüts, erklären. Das Gefühl der Gewißheit aber ist stets eine unmittelbare Übereinstimmung unseres Bewußtseins mit unserm ursprünglichen Ich.
Dieses Gefühl täuscht nie; denn es ist, wie wir gesehen haben, nur vorhanden, bei völliger Übereinstimmung unseres empirischen Ich mit dem reinen, und das letztere ist unser einzig wahres Sein und alles mögliche Sein und alle mögliche Wahrheit".
²) a. a. O.
³) „Die Ethik David Humes".

Und weiter: „Aristoteles, dieser wunderbare Genius und höchst liebens=
würdige Charakter fand in der Institution der Sklaverei nichts Verwerfliches:
sein Gewissen billigte dieselbe vollkommen. Aber das Gewissen ist nach Kant
und Fichte unfehlbar!"

Mit bittrer Ironie schließt Gizycki seine Polemik mit den Worten: „Wenn
doch diejenigen, die in ihren Systemen, von der Moral des wirklichen Menschen
handelnd, die Natur des Menschen und die empirische Welt, in der er handeln
muß, ignoriren zu dürfen, ja zu sollen wähnen, sich nun wenigstens auch enthalten
wollten, Behauptungen aufzustellen, welche empirische Gegenstände betreffen.
Ob es irrende Gewissen giebt oder nicht, ist einfach „matter of fact;" und
Thatsachen lassen sich weder durch a priori'sche Deduktionen noch durch Macht=
sprüche aus der Welt schaffen".

Sehen wir nun zu, was die Stütze dieses Angriffes bildet! Kant hätte
jemals behauptet, man könne sich in seinem sittlichen Urteile nie täuschen?
Denn dieser Satz soll doch nach den Beispielen von den sogenannten Natur=
menschen, den Indianern, die ihren Nächsten trotz der allgemeinen Pflicht der
Menschenliebe töbten, und Aristoteles, dessen Gewissen in der Institution der
Sklaverei nichts Verwerfliches findet, widerlegt werden!

Durch eine derart konstatierte „geographisch = geschichtlich = ethnographische
Mehrzüngigkeit des Gewissens" glaubt Gizycki Kant genugsam widerlegt zu
haben, während sein Angriff ihn im eigentlichen Sinne gar nicht berühren
kann; da ja bei Kant Gewissen und praktische Einsicht, Gewissensurteil und
Beurteilung der Sittlichkeit unserer Handlungen nichts weniger als identisch
sind. „In dem objektiven Urteile, sagt Kant, ob etwas Pflicht sei oder nicht,
kann man wohl bisweilen irren; aber im subjektiven, ob ich es mit meiner
praktischen (hier richtenden) Vernunft zum Behufe jenes Urteils verglichen
habe, kann ich nicht irren, weil ich alsdann praktisch gar nicht geurteilt haben
würde".

Das Zugeständnis, welches der erste Teil dieses Satzes enthält, beweist,
daß jeder Vorwurf, wie der Gizyckis, auf einer Erschleichung beruht, der zweite
aber, daß er nur aus Mißverständnis oder Unkenntnis der Kantischen Gewissens=
lehre hervorgehen kann.

Es wiederholt sich auch bei Gizycki der Fehler, den wir schon an Kirch=
mann tadelten, nämlich die irrige Meinung, als ob nach Kant Gewissen und
sittliche Einsicht eins sei. In gleich unbedachter Weise aber bekämpft Gizycki
noch einen anderen Punkt der Kantischen Gewissenslehre. „Das Gewissen irrt
nie und kann nie irren", und dieses Dogma (heißt es S. 331 a. a. O.) will
Kant auch speziell der Handlungsweise jenes alten Weibes gegenüber, das auf
Huß' Scheiterhaufen noch ein Stück Holz legte, aufrecht zu erhalten suchen.
Wenn man ihr vorgehalten hätte, ob sie ihre ewige Seligkeit wohl auf die
Moralität jener Handlung verwetten wollte; so würde sie jene Handlung,
meint Kant, gewiß nicht gewagt haben, und daraus folge, daß es im Grunde
nie ein irrendes Gewissen geben könne. Fichte führt diese Argumentation mit
Beifall an. Allein man wird es zunächst sehr wahrscheinlich finden dürfen,
daß im Gegenteil jenes alte Weib die Wette unbedenklich und in aller Ge=
wissensruhe eingegangen wäre. Sodann aber ist klar, daß bei einem so unge=
heuren Wagnis in vielen Fällen, wo doch ein Handeln gefordert ist, jeder Ver=
ständige von allem Handeln Abstand nehmen müßte, und nur der Unbe=
sonnenste und Leichtsinnigste handeln und die unermeßliche Gefahr dabei auf
sich nehmen würde. Ein derartiger Prüfstein würde uns mithin nicht
größere Sicherheit in unserm Handeln verleihen, sondern oft zur absoluten

Unthätigkeit verurteilen, wo doch nach der Überzeugung a l l e r Menschen ein
Handeln sonst Pflicht wäre — nicht mehr aber Pflicht, wenn die ewige Selig=
keit möglicherweise dabei auf dem Spiele stände". Wenn wir davon absehen,
daß Kant nicht des von Gizycki angeführten Beispiels sich bedient, sondern
jenes vom Ketzerrichter, den er gewissenlos nennt, sobald er den Andersgläu=
bigen töte, und von dem er voraussetzt, daß derselbe, wollte man ihm vor=
halten, er wage seine Handlung auf die Gefahr der Verdammnis, vom Tode
des Ketzers gewißlich abstehen würde, wenn wir ferner absehen von Gizyckis
Irrtum, als ob Kant dies Beispiel als Argument für seine Ansicht über das
irrende Gewissen benütze, so muß doch die weitere irrige Ansicht zurückgewiesen
werden, „Kants Anschauungsweise über Gewissenhaftigkeit und Gewissenlosig=
keit enthielten die Nötigung zu einer Unthätigkeit im Moralischen".

Offenbar schwebt Gizycki die Stelle vor aus „Religion innerhalb der
Grenzen der bloßen Vernunft". „Man nehme einen Ketzerrichter an, der
an der Alleinigkeit seines statutarischen Glaubens bis allenfalls zum Märtyrer=
tume festhängt, und der einen des Unglaubens verklagten sogenannten Ketzer
(sonst guten Bürger) zu richten hat, und nun frage ich: ob, wenn er ihn zum
Tode verurteilt, man sagen könne, er habe seinem (obzwar irrenden) Gewissen
gemäß gerichtet, oder ob man ihm vielmehr schlechthin Gewissenlosigkeit Schuld
geben könne, er mag geirrt oder mit Bewußtsein Unrecht gethan haben, weil
man es ihm auf den Kopf zusagen kann, daß er in einem solchen Falle nie
ganz gewiß sein konnte, er thue hierunter nicht völlig unrecht. Er war
zwar vermutlich des festen Glaubens, daß ein übernatürlich geoffenbarter
göttlicher Wille (vielleicht nach dem Spruch: compellite intrare) (zwingt
sie zur Einkehr) es ihm erlaubt, wo nicht gar zur Pflicht macht, den ver=
meinten Unglauben zusamt den Ungläubigen auszurotten. Aber war er denn
wirklich von einer solchen geoffenbarten Lehre und auch diesem Sinne derselben
so sehr überzeugt, als erfordert wird, um es darauf zu wagen, einen Menschen
umzubringen? Daß es unrecht sei, einem Menschen seines Religionsglaubens
wegen das Leben zu nehmen, ist gewiß, wenn nicht etwa (um das Äußerste
einzuräumen) ein göttlicher außerordentlich ihm bekannt gewordener Wille es
anders verordnet hat. Daß aber Gott diesen fürchterlichen Willen jemals ge=
äußert habe, beruht auf Geschichtsdokumenten und ist nie apodiktisch gewiß.
Die Offenbarung ist ihm doch nur durch Menschen zugekommen und von
diesen ausgelegt, und schiene sie auch von Gott selbst gekommen zu sein (wie
der an Abraham ergangene Befehl, seinen eigenen Sohn wie ein Schaf zu
schlachten), so ist wenigstens doch möglich, daß hier ein Irrtum verwalte.
Alsdann aber würde er es auf die Gefahr wagen, etwas zu thun, was höchst
unrecht sein würde, und hierin eben handelt er gewissenlos" ¹).

Es mag allerdings auffallen, wie hier Kant in so apodiktischer Weise
jenen Ketzerrichter gewissenlos nennt, selbst wenn seine Handlungsweise geflossen
sei aus dem festen Glauben, daß ein übernatürlich offenbarer göttlicher Wille
es ihm erlaubt, wo nicht gar zur Pflicht macht, den vermeinten Unglauben
samt den Ungläubigen auszurotten.

Allein man muß bedenken, daß es sich hier um das Gewissen als „Leit=
faden in G l a u b e n s s a c h e n handelt", denen Kant eine absolute Gewißheit
abspricht. „So ist es, sagt Kant an derselben Stelle, mit allem Geschichts=
und Erscheinungsglauben bewandt: daß nämlich die Möglichkeit immer übrig
bleibt, als sei darin ein Irrtum anzutreffen; folglich ist es gewissenlos, ihm

¹) W. W. Br. VI, S. 286.

bei der Möglichkeit, daß vielleicht dasjenige, was er fordert oder erlaubt, un=
recht sei, d. i. auf die Gefahr der Verletzung einer an sich gewissen Menschen=
pflicht, Folge zu leisten".

Wo, wie hier, beim Ketzerrichter ein Gebot seines Religionsglaubens in
Kollision tritt mit einer an sich gewissen Menschenpflicht, da allerdings —
und nur auf diesen Gedanken kann sich das von Gizycki angezogene Beispiel
beziehen — zieht unser Philosoph dem Handeln enge Schranken.

Es hängt dies wohl eng zusammen mit seinen rationalistischen Ansichten
über Religion.

„Wenn — so lautet der Schluß des Abschnittes „Vom Leitfaden des
Gewissens in Glaubenssachen", — sich der Verfasser eines Symbols, wenn
sich der Lehrer einer Kirche, ja jeder Mensch, sofern er innerlich sich selbst
die Überzeugung von Sätzen als göttlichen Offenbarungen gestehen soll, fragte:
getraust du dich wohl, in Gegenwart des Herzenskündigers mit Verzichtthuung
auf alles, was dir wert und heilig ist, dieser Sätze Wahrheit zu beteuern?
so müßte ich von der menschlichen (des Guten doch wenigstens nicht ganz un=
fähigen) Natur einen sehr nachteiligen Begriff haben, um nicht vorauszusehen,
daß auch der kühnste Glaubenslehrer hiebei zittern müßte. Wenn das aber so
ist, wie reimt es sich mit der Gewissenhaftigkeit zusammen, gleichwohl auf
eine solche Glaubenserklärung, die keine Einschränkung zuläßt, zu dringen, und
die Vermessenheit solcher Beteuerungen sogar selbst für Pflicht und gottesdienst=
lich auszugeben, dadurch aber die Freiheit der Menschen, die zu allem, was
moralisch ist (dergleichen die Annahme einer Religion), durchaus erfordert wird,
gänzlich zu Boden zu schlagen und nicht einmal dem guten Willen Platz ein=
zuräumen, der da sagt: „Ich glaube, lieber Herr, hilf meinem Unglauben."

Als aus der zweiten Definition des Gewissens bei Kant hervorgehendes
Hauptresultat hat sich demnach ergeben:

1. Daß das Gewissen als eine Vorbedingung zur Empfänglichkeit für
den Pflichtbegriff überhaupt etwas Ursprüngliches im Menschen sei.
2. Daß es nicht gleichbedeutend sei mit sittlicher Einsicht; daß es viel=
mehr auf Grund pflichtmäßigen Bewußtseins, nur das Rechte zu thun,
das moralische Urteil über unsere Handlung nach dem Maßstabe seiner
Gewißheit verdammt oder lossspricht, also ein Urteil über unsere sittliche
Beurteilung selbst fälle, woraus konsequenterweise folgt, daß es kein
irrendes Gewissen gebe.

In unserer Auffassung finden wir uns in Übereinstimmung mit Volkmann,
welcher Teil II, S. 485 seiner Psychologie mit Bezugnahme auf unsere Stelle
sagt: „Kant bezieht das Gewissen nicht auf die unmittelbare Beurteilung der
Sittlichkeit, sondern auf die Beurteilung dieses Urteils selbst, d. h. auf die
Beantwortung der Frage, ob das moralische Urteil von Seiten der Vernunft
gewiß d. i. mit aller Behutsamkeit geschehen sei oder nicht." Volkmann ver=
weist an der hier angeführten Stelle auf die Psychologie „Essers," der sich
in seinen Ausführungen über das Gewissen der Kantischen Auffassung anschließe.

Unsere Prüfung der Auseinandersetzungen Essers über das Gewissen führt
uns zu einer entgegengesetzten Meinung. Der Unterschied der Ansicht Kants
von Essers Darlegungen, ergiebt sich besonders aus folgenden Stellen.

Bei Esser[1] heißt es „das Vermögen, über die Sittlichkeit oder Un=
sittlichkeit unserer eignen Handlungen zu urteilen, sie zu billigen oder zu miß=
billigen und hierdurch Selbstachtung oder Selbstverachtung zu erzeugen — dieser

---

[1] Teil II, S. 621 ff. der Psychologie.

Richter in der eignen Brust heißt Gewissen." — „Hierunter (dem Gewissen) verstehen wir den Ausspruch der praktischen Vernunft darüber, was der Mensch in diesem besondern, sich eben verwirklichenden Falle zu thun und zu lassen habe. Der Ausspruch hierüber ist der Gewissensausspruch, und dieser ist nichts Anderes als das Sittengesetz selbst in diesem besondern oder konkreten Falle." — Das Gewissen unterscheidet sich von der praktischen Vernunft nur dadurch, daß diese uns die allgemeinen Vorschriften giebt, jenes aber diese moralischen Vorschriften in Beziehung auf besondere Fälle zur Anwendung bringt. Die Vernunft ist also die Gesetzgeberin, das Gewissen aber ist der Richter."

„Das Gewissen ist eine besondere Art des Wissens und steht als theoretisches Wissen dem praktischen Wissen entgegen; jenes benachrichtigt mich, was in diesem Augenblicke für mich wirklich, dieses, was in diesem Augenblicke für mich Pflicht ist."

Die erste Stelle Essers erklärt uns das Wesen des Gewissens; die zweite die Art der Bethätigung dieses Wesens und die beiden letzten betrachten das Gewissen im Unterschiede zur praktischen Vernunft (sittl. Einsicht).

Doch aus allen geht hervor, daß Essers Gewissensbegriff nicht dem von Kant aufgestellten gleichkommt.

Er macht zwar wie dieser einen Unterschied zwischen praktischer Vernunft überhaupt als dem Sittengesetz im Menschen auf der einen und dem Gewissen auf der andern Seite. Allein bei ihm fällt, wie namentlich die zweite und dritte Stelle beweist, das Gewissen zusammen mit dem auf Grund des Sittengesetzes gefällten Urteil über unsere Handlung; letzteres billigt oder verwirft dieselbe je nach ihrer Übereinstimmung oder dem Widerstreite mit dem Sittengesetze. Anders bei Kant! Bei ihm ist dieses Urteil ein Ausfluß des Verstandes, der jetzt erst und mit ihm unser eignes Selbst zum Objekte des Gewissensausspruches wird, und dies bloß nach dem Gesichtspunkte, mit welchem Grade der Gewißheit und innern Überzeugung das moralische Urteil ausgesprochen wurde.

Man darf nicht irre geführt werden durch die Übereinstimmung Kants und Essers, wenn beide die praktische Vernunft eine Gesetzgeberin, das Gewissen aber den Richter in uns nennen, als ob damit zugleich eine Übereinstimmung in den Begriffen angedeutet sei.

Diese Übereinstimmung ist bloß durch die Worte gegeben, während ihrem Inhalte nach die gleich bezeichneten Begriffe ganz verschieden sind.

Das Gewissen ist bei Esser nicht in dem Sinne ein Richter, in welchem es von Kant so genannt wird; denn nach jenem richtet das Gewissen die Handlung am Maßstabe des Sittengesetzes, nach diesem ist es der Richter über die gefällte sittliche Beurteilung, freisprechend, wenn sie das Resultat innerer fester Überzeugung war, verdammend, wenn sie dieser Forderung nicht entsprach.

Am deutlichsten aber geht die Differenz zwischen Kant und Esser hervor aus des letztern Annahme eines irrenden Gewissens. Esser spricht sich über dasselbe in schöner und wahrer Weise (S. 625 a. a. O.) so aus: „Der Gewissensausspruch hat objektive Wahrheit dann, und das Gewissen ist ein sicheres (conscientia certa) dann, wenn sowohl die allgemeine Regel, welche für den hier vorliegenden Fall in Betracht kommt, als auch die Anwendung der allgemeinen Regel in Beziehung auf den hier vorliegenden besonderen Fall objektive Wahrheit hat, und wenn der Mensch von der objektiven Wahrheit beider Stücke gewiß ist: im andern Falle ist das Gewissen ein irriges (conscientia erronea), insbesondere ein zweifelhaftes (incerta, dubia). Das irrige Gewissen kann sich aber selbst unmöglich als irrig erkennen, sondern das irrige Gewissen fällt sofort weg, sobald es als ein irriges erkannt wird: der Irrtum des Gewissens kann somit erst später, nämlich in Folge einer bessern Einsicht erkannt werden. Eben darum, weil auch das irrige Gewissen nur als richtiges erscheinen kann und das Gewissen die höchste und die einzige Autorität für das sittliche Handeln des Menschen ist, so ist der Mensch allerdings auch verpflichtet, seinem irrenden Gewissen zu folgen; auch ist offenbar, daß selbst sein Handeln nach dem irrenden Gewissen sittlichen Wert habe; der Mangel kann hier nur liegen in der aus Unwissenheit hervorgegangenen Verfehlung des richtigen Materials der Pflichterfüllung, und diese Verfehlung ist entweder eine unverschuldete, oder sie ist eine verschuldete, je nachdem die Erwerbung der betreffenden Erkenntnis und die Einsicht ihres Zusammenhangs mit der Pflichterfüllung entweder möglich war oder nicht. Auch ist nicht das Gewissen selbst ein irriges oder sicheres, sondern nur die Erkenntnis ist wahr, falsch oder zweifelhaft, worauf der Gewissensausspruch sich gründet. Zur Bewirkung eines sichern und zur Verhütung eines irrigen Gewissens giebt es kein geeigneteres Mittel, als eine wissenschaftliche Erkenntnis der Sittenlehre."

Wir kommen zur letzten Stelle der Lehre Kants vom Gewissen. In derselben Schrift „Metaphysische Anfangsgründe der Tugendlehre" ist an etwas späterer Stelle ¹) unter dem Titel: „Von der Pflicht des Menschen als den gebornen Richter über sich selbst" dem Gegenstand des Gewissens ein besonderer Abschnitt gewidmet.

Hier nennt Kant das Gewissen „das Bewußtsein eines innern Gerichtshofes im Menschen."

Dieser, von Nahlowsky (Ethik, S. 101) als populäre Bezeichnung geschätzten Erklärung folgen dann Ausführungen über die Ursprünglichkeit des Gewissens, wie wir sie auch in den vorigen Stellen gefunden haben. Auch hier wird das Gewissen als eine dem Wesen des Menschen einverleibte Anlage geschildert, deren er sich nicht entschlagen könne: „Es folgt ihm wie sein Schatten, wenn er zu entfliehen gedenkt. Er kann sich zwar durch Lüste und Zerstreuungen betäuben, oder in Schlaf bringen, aber nicht vermeiden, dann und wann zu sich selbst zu kommen, oder zu erwachen, sobald er die furchtbare Stimme desselben vernimmt. Er kann es in seiner äußersten Verworfenheit allenfalls dahin bringen, sich daran gar nicht mehr zu kehren, aber sie zu hören, kann er doch nicht vermeiden."

Daran schließt sich eine Erörterung, die ein neues Moment den bisherigen Ausführungen über den Gegenstand hinzufügt. Finden wir in diesen vor allem das Wesen des Gewissens, sowie den empirischen Ausdruck desselben dargethan, so lernen wir hier den psychologischen Mechanismus seiner Bethätigung seinem Grunde und Wesen nach kennen.

Kant findet nämlich in dieser moralischen Anlage (dem Gewissen) das Besondere, daß, trotzdem seine Bethätigung „ein Geschäft des Menschen mit sich selbst sei, seine Vernunft ihn doch zu der Annahme treibe, als ob es auf dem Geheiß einer andern Person beruhe." Er erklärt die Annahme dieser Notwendigkeit aus der Analogie mit der „Führung einer Rechtssache (causa) vor Gericht." Er sagt: „daß aber der durch sein Gewissen Angeklagte mit dem Richter als ein und dieselbe Person vorgestellt werde, ist eine ungereimte Vorstellungsart von einem Gerichtshofe."

Als Grund hierfür, führt er den von Schopenhauer als petitio principii bezeichneten Satz an „denn da würde ja der Ankläger jederzeit verlieren."

¹) W. W. Bd. VII, S. 244 ff.

Also wird sich das Gewissen, schließt nun Kant weiter, einen andern als sich selbst zum Richter seiner Handlungen denken müssen. Es ist dies im letzten Grunde eine Idealperson; denn folgende drei Eigenschaften schreibt er ihr zu, wenn anders sie den von der Vernunft ihr gesteckten Zweck erreichen soll: „Eine solche idealische Person (der autorisirte Gewissensrichter) muß ein Herzenskündiger sein." Er muß also eine vollkommene Kenntnis unseres Innern besitzen, um mit richtigem Urteile in jeder Handlung entscheiden zu können. Aber er muß zugleich „allverpflichtend" sein; denn er wird als Richter in all unseren Handlungen gedacht; und es kommt ihm drittens alle Gewalt zu (im Himmel und auf Erden), weil er sonst nicht (was doch zum Richteramte notwendig gehört) seinen Gesetzen den ihnen angemessenen Erfolg verschaffen könnte." Ein solches über alles machthabende moralische Wesen aber heißt Gott."

Gott ist demnach der eigentliche Richter, der im Gewissen unsere Handlungen richtet.

So gewinnt Kant den Anknüpfungspunkt, seiner Ethik eine Stütze durch die Religion zu verleihen, und in diesem Sinne nennt er das Gewissen „das subjektive Prinzip einer vor Gott seiner Thaten wegen zu leistenden Verantwortung. Andererseits aber prägt sich darin ebensosehr die Verpflanzung der Religion auf den Boden des moralischen Selbstbewußtseins als der Quelle des Gottesbegriffes aus, wie die Ausführung dieses Gedankens „ja es wird der letzte Begriff (Gott) (wenngleich auf dunkle Art) in jenem moralischen Selbstbewußtsein enthalten sein" — zeigt.

Allerdings will damit Kant, was er in der Kritik der reinen Vernunft nicht vermocht, auch hier nicht zu Stande bringen; er erklärt ausdrücklich, daß es ein Mißverständnis wäre, wollte der Mensch aus dem Bedürfnis einer solch idealischen Person auf praktischem Gebiete das Dasein eines Gottes herleiten oder gar als damit erwiesen betrachten.

„Denn sie (die praktische Idee Gottes) wird ihm nicht objektiv durch theoretische, sondern bloß subjektiv, durch praktische sich selbst verpflichtende Vernunft, ihr angemessen zu handeln, gegeben."

Wie nun der Vorgang, auf welchem der Gewissensausspruch zu Stande komme, sich gestaltet, legt Kant im letzten Teile dieses Abschnittes dar, den wir dem wörtlichen Texte nach folgen lassen:

1. In einer Gewissensache (causa conscientiam tangens) denkt sich der Mensch ein warnendes Gewissen (praemonens) vor der Entschließung; wobei die äußerste Bedenklichkeit (scrupulositas), wenn es einen Pflichtbegriff (etwas an sich Moralisches) betrifft, in Fällen, darüber das Gewissen der alleinige Richter ist (casibus conscientiae), nicht für Kleinigkeitskrämerei (Mikrologie) und eine wahre Übertretung nicht für Bagatelle (peccatillum) beurteilt, und (nach dem Grundsatze: minima non curat praetor) einem willkürlich sprechenden Gewissensrat überlassen werden kann. Daher ein weites Gewissen Jemanden zuzuschreiben so viel heißt, als: ihn gewissenlos nennen.

2. Wenn die That beschlossen ist, tritt im Gewissen zuerst der Ankläger, aber zugleich mit ihm, auch ein Anwalt (Advocat) auf; wobei der Streit nicht gütlich (per amicabilem compositionem) abgemacht, sondern nach der Strenge des Rechts entschieden werden muß; und hierauf folgt

3. der rechtskräftige Spruch des Gewissens über den Menschen, ihn loszusprechen oder zu verdammen, der den Beschluß macht.

„Mehr Licht über diesen Gegenstand hat Kant nicht gegeben, vielleicht auch nicht geben können;" mit diesen Worten, die wohl nur durch das

Unpsychologische der Kantischen Anschauungsweise ihre Rechtfertigung finden dürften, beschließt Stäudlin seine Darlegung der an dieser Stelle der Tugend= lehre niedergelegten Gewissenslehre Kants. Stäudlin selbst hat versucht, dieselbe „klarer als im Originale" wiederzugeben. Wir lassen sie als Ergänzung des von uns Gesagten, dem Wortlaute nach, folgen, umsomehr als wir hierbei auch Gelegenheit finden werden, ein von Stäudlein gegen Kant erhobenes Be= denken zu beseitigen.

Auf Seite 143 seiner „Lehre vom Gewissen" sagt Stäudlin: „Jeder Mensch hat Gewissen und findet sich durch einen innern Richter beobachtet, bedroht, in einer mit Furcht verbundenen Achtung gehalten, und diese in ihm über die Gesetze wachende Gewalt macht er sich nicht selbst willkürlich, sondern sie ist seinem Wesen einverleibt, er kann sie zwar betäuben, aber es nicht ver= meiden, sie zuweilen zu hören. Diese Anlage hat das Eigentümliche an sich, daß, ohnerachtet das Gewissen ein Geschäft des Menschen mit sich selbst ist, er sich doch durch seine Vernunft genötigt sieht, dasselbe als auf das Geheiß einer anderen Person zu treiben. Angeklagter und Richter können nicht eine Person vor Gericht sein. Demnach wird sich der Mensch hier einen andern, als sich selbst, als Richter seiner Handlungen denken müssen, mag nun dieser andere eine wirkliche oder eine bloß idealische, durch die Vernunft geschaffene Person sein. Diese Person muß in jedem Falle das Innere des Menschen vollkommen kennen, weil sie darüber zu richten hat; alle Pflichten müssen als ihre Gebote angesehen werden können, weil sie alle freien Handlungen des Menschen richtet; sie muß all= mächtig sein, weil sie sonst ihre richterlichen Aussprüche nicht vollziehen könnte. Sie ist also Gott. Demnach muß das Gewissen als subjektives Prinzip einer Verantwortung, welche der Mensch Gott wegen seiner Thaten zu leisten hat, gedacht werden müssen. Das ist aber nicht so zu verstehen, daß der Mensch durch sein Gewissen berechtigt oder gar verpflichtet sei, das Dasein Gottes außer sich wirklich anzunehmen, sondern diese Idee wird ihm bloß subjektiv durch seine praktische Vernunft, nicht aber objektiv durch die theoretische gegeben. Er wird dadurch nur berechtigt, sich den Richter in seinem Innern als ähnlich einem höchsten göttlichen Gesetzgeber und Richter zu denken. In einer Ge= wissenssache nun tritt vor dem Entschlusse zur That zuerst das Gewissen als warnend, nach dem Entschlusse als Ankläger und Anwalt, und zuletzt als los= sprechend oder verdammend auf.

Dabei bemerkt übrigens Kant doch zugleich, „daß der Mensch als Ver= nunftwesen als Ankläger und Richter, und als Sinnenwesen als Angeklagter zu betrachten sei".

„Die zuletzt angeführte Erklärung, bemerkt Stäudlein zum Schluß, soll doch wohl die erste nicht aufheben, nach welcher der Mensch einen andern, als sich selbst, als Richter seiner Handlungen soll denken müssen".

Stäudlin zweifelt daran, ob nicht Kant sich in einen Widerspruch ver= wickle, wenn er einmal jene idealische Person als ein Gebot der praktischen Vernunft bezeichne, „damit diese nicht in den Widerspruch geriete, Angeklagten und Richter in einer Person zu vereinigen," und andererseits in der Anmerkung dazu den scheinbaren Widerspruch einer solchen Annahme durch den Hinweis aufzulösen suche, daß der Mensch bloß als Vernunftwesen „Ankläger und Richter," „Angeklagter" aber als Sinnenwesen sei. Stäudlin hat folgende — von Schopenhauer „geschrieben und unklar" genannte — Anmerkung im Sinne, welche Kant als Erläuterung hierzu giebt: „Die zwiefache Persönlichkeit, in welcher der Mensch, der sich im Gewissen anklagt und richtet, sich selbst denken muß; dieses doppelte Selbst, einerseits vor den Schranken eines Gerichtshofes, der doch ihm selbst anvertraut ist, zitternd stehen zu müssen, andererseits aber das Richteramt aus angeborner Autorität selbst in den Händen zu haben, bedarf einer Erläuterung, damit nicht die Vernunft mit sich selbst gar in Widerspruch gerate. — Ich, der Kläger und doch auch Angeklagter, bin ebenderselbe Mensch (numero idem), aber, als Subjekt der moralischen, von dem Begriffe der Freiheit ausgehenden Gesetzgebung, wo der Mensch einem Gesetz unterthan ist, das er sich selbst giebt (homo noumenon), ist er, als ein Anderer, als der mit Vernunft begabte Sinnenmensch (specie diversus), aber nur in praktischer Rücksicht, zu betrachten; — denn über das Causal-Verhältnis des Intelligiblen zum Sensiblen giebt es keine Theorie — und diese specifische Verschiedenheit ist die der Fakultäten des Menschen (der obern und untern), die ihn charakterisieren. Der erstere ist der Ankläger, dem entgegen ein rechtlicher Beistand des Verklagten (Sachwalter desselben) bewilligt ist. Nach Schließung der Akten thut der innere Richter, als machthabende Person, den Ausspruch über Glückseligkeit oder Elend, als moralische Folgen der That; in welcher Qualität wir diese ihre Macht (als Weltherrschers) durch unsere Vernunft nicht weiter verfolgen, sondern nur das unbedingte jubeo oder veto verehren können".

Eine rechte Würdigung der Absicht dieser Anmerkung muß einen Zweifel wie den Stäudlins unbedingt aufheben. Kant sucht durch den Hinweis auf eine solche Teilung des Ich bloß die Möglichkeit darzuthun, wie Angeklagter und Ankläger in einer Person sich im Gewissen vereinigen könnten. Dagegen wird das Gebot der praktischen Vernunft, sich jenes idealische Wesen zu denken, auf die Voraussetzung gegründet, daß der Ankläger stets zu Gunsten des Angeklagten seine Sache verlieren würde ("denn da würde ja der Ankläger jederzeit verlieren").

Mit der Erklärung, wie jene Teilung des Ich im Gewissen denkbar sei, blieb für Kant noch unerklärt, ob in solchem Falle der Richter (homo noumenon) den Angeklagten (homo phaenomenon) jemals verurteilen werde. Er verneinte die Frage und fand darin die Begründung für die Notwendigkeit der Annahme jener idealischen Person.

Wichtig erscheint es, zum Schlusse als Ergänzung des bisher dargelegten Vorganges der Gewissensbethätigung das Verhältnis, in welches Kant das Gewissen und sein Urteil zum moralischen Gefühle setzt, klar zu legen.

Es handelt sich zunächst darum, was Kant unter moralischem Gefühl, das bei ihm vom Gewissen ebenso scharf getrennt erscheint, wie dies von der praktischen Vernunft, verstehe.

Der Abschnitt¹) über „Ästhetische Vorbegriffe der Empfänglichkeit für Pflichtbegriffe überhaupt" giebt uns Aufschluß darüber. Denn wie das Gewissen, gehört auch das moralische Gefühl zu diesen Vorbegriffen; dasselbe wird an zwei Stellen definirt. Nach der einen ist es „die Empfänglichkeit für Lust oder Unlust bloß aus dem Bewußtsein der Übereinstimmung oder des Widerstreites unsrer Handlungen mit dem Pflichtgesetze;" nach der andern: „die Empfänglichkeit der freien Willkür für die Bewegung derselben durch praktische reine Vernunft und ihr Gesetz."

Beide Definitionen widersprechen sich, indem die eine das moralische Gefühl als Motiv unsrer Bestimmung durch das Sittengesetz darthut; während die andere dasselbe ein Gefühl nennt, das wir nach vollbrachter Handlung

---

haben und je nach dem Bewußtsein der Übereinstimmung oder des Wider=
streites derselben mit dem Sittengesetz bald als Lust, bald als Unlust empfinden.
Auch Kirchmann macht auf diesen Widerspruch aufmerksam. Er sagt:
„Die Definition des moralischen Gefühls im Beginne von Abschnitt XII, a (Seite
234 und 235 seiner Ausg. Kants) und dem Ende desselben widersprechen sich.
Die erste behandelt es als eine Art der Lust oder Unlust aus der vollbrachten
sittlichen oder unsittlichen Handlung; die letzte als eine Erregbarkeit des Willens
durch die Gesetze der reinen Vernunft; also eine Erregbarkeit, die der That
vorausgeht, und welche als Achtung vor dem Gebot von Kant selbst wesent=
lich von der Lust unterschieden worden ist.“

Ob eine dieser Definitionen und welche die richtige sei, ist hier noch nicht
zu entscheiden; gewiß aber bezieht sich Kant in jener Parenthese auf die erstere
und will meinen, der Ausspruch unseres Gewissens, sein Lob oder Tadel, sei
die Ursache einer Affektion unseres moralischen Gefühls, welches als Gefühl
der Lust oder Unlust zum Ausdruck komme.

Es sind hiermit offenbar die Vorgänge bezeichnet, welche wir als Reue
oder als Gewissensruhe unter der Bethätigung des Gewissens zusammenfassen,
während nach Kants schematisierender Denkweise auch diese Erscheinungen zur
Bethätigung eines gesonderten und selbstständigen Faktors in der Seele des
Menschen gehören, eines Faktors, dessen Bethätigung zu der des Gewissens
im Verhältnis von Ursache und Wirkung steht.

Nachdem wir so Kants Lehre vom Gewissen chronologisch, wie sie
an einzelnen Stellen seiner ethischen Schriften niedergelegt ist, vorgeführt haben,
wobei einerseits die Klarstellung der Ansicht Kants gegenüber den mancher=
lei Mißdeutungen, welche dieselbe von seinen Auslegern erfahren hat, anderer=
seits den Nachweis der Widerspruchslosigkeit der einzelnen Stellen die
leitenden Gesichtspunkte unserer Darstellung waren, erscheint es zum Schlusse
geboten, Kants Gewissenslehre im Zusammenhange nochmals kurz darzu=
legen. Denn waren wir in der bisherigen Darstellung durch den Zweck, den
wir uns mit der genetischen Betrachtungsweise gesetzt hatten, an die zeitliche
Folge der einzelnen Stellen, wie an Meinungen Anderer gebunden, und schlich
sich dadurch ein natürlicher Mangel der systematischen Übersicht ein, so soll es
Aufgabe der Schlußbetrachtung dieses Teiles sein, an der Hand systematischer
Gesichtspunkte den Inhalt der Kantischen Gewissenslehre als abgerundetes
Ganze vorzuführen und damit zugleich die Gesichtspunkte vorzubereiten, an
welche der zweite, kritische Teil unserer Untersuchung anzuschließen hat.

Drei Momente waren es, in welchen, wie eine nähere Erwägung zeigt,
Kants Lehre Ausdruck fand: 1. Begriff des Gewissens. 2. Sein Ursprung.
3. Seine Bethätigung.

1. Was ist also nach Kant das Gewissen?

Es ist das Bewußtsein der unbedingten Pflicht des Menschen, nur das
Rechte zu thun.

In demselben Sinne wird es an der zuletzt vorgeführten Stelle in populärer
Weise das Bewußtsein eines innern Gerichtshofes genannt, vor dem „des
Menschen Gedanken einander verklagen und richten.“

Die Wirkung dieses Bewußtseins aber, sein empirischer Ausdruck, ist
ein Urteil über uns, das uns freispricht oder verdammt. — Dieses sogenannte
Gewissensurteil kommt auf Grund jenes Pflichtbewußtseins zu Stande nach
dem Grade der Gewißheit und Behutsamkeit, mit welcher man das Urteil der
sittlichen Einsicht auf eine zu vollbringende Handlung angewandt hat. Indem
Kant an zwei Stellen auch diese Wirkung jenes Bewußtseins zum Prinzip der

Erklärung des Gewissens macht, nennt er es einmal „die sich selbst richtende Urteilskraft," das anderemal „die in jedem Falle eines Gesetzes seine Pflicht zum Lossprechen oder Verurteilen vorhaltende praktische Vernunft."

Es ist nötig, hier nochmals zu wiederholen, wie alle diese vier erwähnten Begriffsbestimmungen — weit entfernt einen Widerspruch zu enthalten, sich vielmehr in vollkommenen Einklang zu einander bringen lassen, sobald man erwägt, daß ihre Verschiedenheit nicht aus dem Widerspruche ihres wechsel= seitigen Inhalts, sondern bloß aus dem Gegensatz des Erklärungsprinzips ent= springt.

Wohl aber scheint es geboten, an jene Mißdeutungen nochmals zu erinnern, die aus der Identifizierung der praktischen Vernunft, im Sinne von sittlicher Einsicht, mit dem Gewissen entstehen würde.

Denn nicht das Urteil, welches sagt: diese Handlung ist sittlich, jene un= sittlich, ist das Urteil des Gewissens, das es doch sein müßte, wären sittliche Einsicht und Gewissen ein und dasselbe.

Das Gewissensurteil lautet vielmehr so: Du bist unschuldig, denn diese deine Handlung war eine aus sittlicher Überzeugung hervorgegangene, oder du bist schuldig, denn sie war es nicht.

Diesen Gedanken will Kant in den Worten ausdrücken: Das Gewissen richtet nicht die Handlungen als Cajus, die unter dem Gesetze stehen; das thut die Vernunft, sofern sie subjektiv praktisch ist, sondern hier richtet die Vernunft sich selbst, ob sie auch wirklich jene Beurteilung der Handlung mit aller Be= hutsamkeit übernommen habe, und stellt den Menschen für und wider sich selbst zum Zeugen auf, daß dies geschehen oder nicht geschehen sei.

Aus dieser Anschauungsweise über das Wesen des Gewissens entspringt die notwendig mit ihr verbundene: es giebt kein irrendes Gewissen.

Denn ist das Gewissen das Bewußtsein der unbedingten Pflicht des Menschen, das Rechte zu thun, das Urteil des Gewissens selbst, seine Ver= dammung oder Lossprechung einzig bedingt durch das Bewußtsein, aus sittlicher Überzeugung gehandelt zu haben oder nicht, so ist keine andere Konsequenz überhaupt möglich. Wir führen Kants eigene, klare Begründung dafür noch= mals an: „Denn in dem objektiven Urteil, sagt er, ob etwas Pflicht sei oder nicht, kann man wohl bisweilen irren, aber im subjektiven, ob ich es mit meiner praktischen Vernunft verglichen habe, kann ich nicht irren, weil ich dann praktisch gar nicht geurteilt haben würde."

Das der Begriff des Gewissens bei Kant.

2. Woher aber dasselbe? Wie gelangen wir zum Gewissen? „Das Ge= wissen ist nicht etwas Erwerbliches," antwortet Kant, „und es giebt keine Pflicht, sich eines anzuschaffen, sondern jeder Mensch als sittliches Wesen hat ein solches ursprünglich in sich." — Und an der andern Stelle: „es ist eine dem Wesen des Menschen einverleibte Anlage, deren er sich nicht entschlagen kann."

Das Gewissen ist also ursprünglich; es ist dem Menschen angeboren, an= geboren in dem Sinne, als es, sobald die praktische Vernunft ein Sittenge= setz vorhält, sobald sich eine sittliche Einsicht entwickelt hat, ohne äußern Ein= fluß, aus dem Wesen des Menschen heraus sich geltend macht. Kant begründet diese Annahme durch jene andere, daß das Gewissen eine notwendige Vorbe= dingung zur Empfänglichkeit für den Pflichtbegriff überhaupt sei, da nur unter solcher Voraussetzung das moralische Gesetz eine Wirkung auf das Gemüt aus= üben, in das Wollen und Handeln des Menschen übergehen könne.

3. Hatte so Kant durch seine Ansicht über den Ursprung des Gewissens zugleich das Verhältnis zwischen dem Gewissen und der praktischen Vernunft

mit ihrem Sittengesetz entschieden, so blieb ihm noch die Beantwortung der Frage nach der Bethätigung des Gewissens übrig. Sie gliedert sich bei ihm wieder in die zwei andern: a) Wie ist Bethätigung des Gewissens überhaupt möglich und b) Wie geht dieselbe vor sich?

Zur ersten Frage wurde Kant geführt durch die eigentümliche Erscheinung, daß das Gewissen gleichsam ein Tribunal sei, in welchem Ankläger (Richter) und Angeklagter sich in einer Person vereinigen. Wie ist aber die Vorstellungsweise eines derartigen Gerichtshofes möglich, fragt er, ohne gleichzeitige Annahme, daß der Ankläger in jedem Falle verlieren würde?

Das aber wäre eine „ungereimte Vorstellungsart" von einem Gerichtshofe; hebe sie doch den Begriff des letzteren geradezu auf. Durch eine solche Reflexion kommt nun nach Kant der Mensch notwendig zu der Annahme eines andern Wesens, einer idealischen Person, welcher „alle Gewalt im Himmel und auf Erden zukommt, die alle Eigenschaften eines höchsten Richters in sich vereinigen muß."

„Eine solche Idealperson aber kann nur Gott sein."

Das Gewissen erscheint demnach als Richterstuhl, vor dem uns im letzten Grunde Gott selbst um unsrer Thaten willen richtet, uns lossprich oder verdammt, und von diesem religiösen Gesichtspunkte aus betrachtet, muß es zugleich als das „subjektive Prinzip einer vor Gott unsrer Thaten wegen zu leistenden Verantwortlichkeit" gedacht werden.

Nachdem Kant auf diese Weise, seine Moraltheologie begründend, im Gewissen Religion und Sittlichkeit verknüpft hat, wendet er sich zur letzten Frage: Wie geht die Bethätigung des Gewissens vor sich? In breiter Weise wird uns nun der psychologische Vorgang, durch welchen der Gewissensausspruch zu Stande kommen soll, ganz nach Analogie einer Gerichtsverhandlung im juristischen Sinne vorgeführt. Da tritt ein Ankläger auf: es ist der Mensch als homo noumenon; gegen ihn erhebt sich der Angeklagte (homo phaenomenon) als sein eigner Anwalt. Eben jener homo noumenon aber gilt auch als Richter, bestellt auf Geheiß eines allerhöchsten Richters; er hört beide Parteien an und fällt dann sein unumstößliches Urteil: schuldig oder unschuldig, und damit ist die Funktion des Gewissens zu Ende. Denn wie Kant nach seiner Anschauungsweise auf der einen Seite die praktische Vernunft scharf vom Gewissen trennt, so schließt er, nur ein Moment dessen, was für uns das Gewissen und seine Bethätigung bildet, als bleibendes Merkmal festhaltend, auf der andern Seite auch jene Erscheinungen, die man mit den Worten Reue, Gewissensbisse, Gewissensruhe zu bezeichnen pflegt und schon durch den Namen der Gewissensbethätigung einreiht — aus dem Bereiche seines Gewissensbegriffes aus.

Ihm sind die erwähnten psychischen Erscheinungen Affektionen eines vom Gewissen getrennten Faktors der menschlichen Seele, die, als solche selbstständig, zum Gewissensurteil bloß im Verhältnis von Ursache und Wirkung stehen. Lautete der Gewissensausspruch: „schuldig," so tritt die Affektion des moralischen Gefühls als ein Gefühl der Unlust auf, sprach das Gewissen frei, so kommt das moralische Gefühl als Affektion der Lust zum Ausdrucke, und so ist mit Rücksicht auf sein Verhältnis zur praktischen Vernunft und zum moralischen Gefühl das Gewissen ein Vermögen, welches, gleichsam als Bindeglied, die Wechselwirkung zweier anderer bedingt und in seiner Bethätigung wirkend erhält.

Das ist die Lehre Kants über das Gewissen. Von ihr sagt Schopenhauer [1]), allerdings nur auf die letzte Stelle in der Metaphysik der Sitten sich beziehend: „Die Kantische Darstellung des Gewissens macht einen höchst imposanten Eindruck, vor welchem man in ehrfurchtsvoller Scheu stehen blieb und sich um so weniger getraute, dagegen etwas einzuwenden, als man befürchten mußte, seine theoretische Einrede mit einer praktischen verwechselt zu sehen, und wenn man die Richtigkeit der Kantischen Darstellung leugnete, für gewissenlos zu gelten. Mich kann das nicht irre machen, da es sich um Theorie, nicht um Praxis handelt."

Schopenhauer hat uns in seiner „Grundlage der Moral" eine Kritik der Kantischen Gewissenslehre hinterlassen. Wir glauben indes, sie habe eine Kritik unsrerseits nicht überflüssig gemacht, da sie schon aus dem Grunde ungenügend erscheinen muß, als sie bloß mit Rücksicht auf die Stelle ausgeübt wird, in welcher das Gewissen „das Bewußtsein eines innern Gerichtshofes" genannt wird, die, abgesehen davon, daß sie nicht das Ganze der Lehre verführt, uns geradezu die schwächste Stelle derselben dünkt.

Daher wollen auch wir es wagen, die Lehre Kants einer kritischen Beleuchtung zu unterziehen und an Stelle von Ansichten, denen wir nicht beistimmen können, andere, uns besser erscheinende zu setzen.

Es wird hiermit unsere Kritik zugleich eine systematische Darlegung der eignen Anschauungsweise über den Gegenstand unserer Untersuchung.

Theil II.

Kritif.

a. Das Wesen des Gewissens.

„Aus der unsteten Fassung des Gewissensbegriffes, sagt R. Hofmann, geht schon zur Genüge hervor, daß Kant den reinen und vollen Begriff des Gewissens nicht erreicht hat."

Die Thatsache der Unstetigkeit in den Begriffsbestimmungen wird eine jede Kritik nicht umhin können als einen der Kantischen Lehre anhaftenden Mangel zu bezeichnen.

Wie indessen unsere frühere Darlegung gezeigt hat, daß dieser Fehler nicht einer schwankenden und widerspruchsvollen Anschauungsweise über den Gegenstand entspringe, so vermögen wir, eine feste Ansicht bei Kant vielmehr voraussetzend, aus der an sich wohl ungerechtfertigten Unstetigkeit einen Beweisgrund für das Ungenügende seiner Lehre nicht zu finden; aus andern Gründen indes werden wir dem Urteile Hofmanns, „daß Kant den reinen und vollen Begriff des Gewissens nicht erreicht hat," auch von unserem Standpunkte aus beistimmen müssen. Das Gewissen ist, wie wir gesehen haben, bei Kant seinem Grundwesen nach ein Bewußtsein von der unbedingten Pflicht des Menschen, das Rechte zu thun, und steht in seiner Funktion gleich einem innern Gerichtshof im Menschen da. So aufgefaßt aber nennt es Kant eine dem Wesen des Menschen einverleibte Anlage, eine Kraft, ein „wundersames Vermögen."

---

[1]) Grundlage der Moral, S. 170.

Diese Vorstellungsweise zeigt nun zunächst den Mangel, daß sie jener andern irrigen entsprungen zu sein scheint, als ob das Gewissen ein selbststän= diger Faktor in der Seele des Menschen sei neben anderen, wie Verstand, Vernunft und Gefühl, ein Faktor, von diesen getrennt und gleichwertig neben ihnen bestehend.

Zu solcher Auffassung giebt Kant zu wiederholtenmalen Veranlassung: wo er das Urteil der praktischen Vernunft über den sittlichen Wert unserer Hand= lungen vom Gewissensurteil scharf getrennt wissen will, wo er die praktische Vernunft mit ihrem Sittengesetz zur Ursache vom Auftreten des Gewissens macht, oder an einer andern Stelle, wo er das Urteil des Gewissens zum Erreger eines ebenso getrennten und selbstständigen Vermögens, des moralischen Gefühls nämlich, werden läßt.

Überall tritt uns eine Vorstellungsweise entgegen, die, so lange Zeit sie in der Psychologie auch die herrschende war, nun längst als verschollen zu be= trachten ist, jene Vorstellungsweise, als ob die Seele ein Bündel von verschieden= artigen, neben einander gleichgeltenden Kräften sei, welche neben und mit einander wirken.

Die sogenannten Seelenvermögen, mit denen man früher die Seele aus= stattete, sind uns in Wahrheit nichts anderes als durch Abstraktion entstandene logische Gattungsnamen, die gewisse „gleichartige Formen des innern Geschehens" bezeichnen und allenfalls in der logischen Übersicht der empirischen Psychologie zur vorläufigen Klassification der psychischen Phänomene einigen Nutzen ge= währen können, denen aber in ihrer Allgemeinheit keine objektive Existenz zugeschrieben werden darf." (Flügel, „Der Materialismus 2c." S. 31).

Innerhalb dieser Vorstellung selbst aber war die Voraussetzung des Ge= wissens als eines für sich bestehenden Seelenvermögens das am meisten Un= wahrscheinliche, da die Erscheinungen oder Äußerungen dieses vorgeblichen Ver= mögens in den Umfang des Erkennens und Fühlens hineinfallen.

Das Subjekt des Gewissens ist ohne Zweifel die Seele, welche stets in den drei Grundformen des Vorstellens, Fühlens und Begehrens thätig ist. Diese bilden daher ebensowohl die Basis zur Entfaltung des Gewissens, als andererseits der einzig mögliche Inhalt seiner selbst, wie seiner Bethätigung nur in ihnen Ausdruck zu finden vermag.

Zu diesem Mangel, den wir in der Hypostasierung des Gewissens zu einem selbstständigen Vermögen der Seele finden, gesellt sich ein zweiter, der uns den Kantischen Gewissensbegriff vollends als unrichtig erscheinen läßt.

Wenn nämlich Kant in dem Gewissen bloß das Bewußtsein der Pflicht, „Recht zu thun," in dem Gewissensurteile einzig das Wissen davon, ob ich aus Überzeugung von der Rechtmäßigkeit meiner Handlung dieselbe vollbracht habe oder nicht, ausgeprägt findet, so sinkt durch diese Vorstellungsweise das Gewissen zur Form ohne Inhalt, zu einem Etwas herab, dem erfahrungs= mäßig keine Existenz zukommt. Es wird zur bloßen Form; denn jene unbe= dingte Pflicht, das Rechte zu thun, die das Wesen des Gewissens ausmachen soll, ist dann thatsächlich inhaltsleer, als ja damit ganz unentschieden bleibt, was recht, was unrecht sei. Allerdings nimmt Kant für das Gewissen, wie er es faßt, diese Einsicht auch gar nicht in Anspruch, da ja nach ihm die praktische Vernunft dies zu leisten hat.

Aber diese Anschauungsweise zeigt uns ebensosehr die allzugroße Enge seines Begriffs[1]), wie andererseits in ihr der schon hervorgehobene Fehler sich

---

[1]) R. Hofmann a. a. O., S. 64: „Ein einzelnes Moment im Gewissen wird also von Kant willkürlich und gegen allen Sprachgebrauch als das Gewissen überhaupt erklärt."

wiederholt und hier um so fühlbarer wird, jemehr ein derartig formales, eigentlich inhaltsloses Vermögen aller Erfahrung widerspricht. Von dieser jedoch darf sich die Reflexion nie gänzlich losjagen, sobald sie eine Erscheinung, die nur Erfahrung giebt und geben kann, denkend bearbeitet.

Und sollen wir schließlich noch hinweisen auf das natürliche Bewußtsein, das in dem Gewissen einen Führer durch das praktische Leben, in ihm vertrauensvoll seinen besten Berater sieht, um Kants Gewissensbegriff vollends als Hypostasierung einer inhaltslosen, logischen Distinction erkennen zu lassen!

Wohl darf das natürliche Bewußtsein nicht maßgebend sein für die Entscheidung der Reflexion, doch hier, wo es sich um eine seelische Erscheinung handelt, die ihren Ausdruck gerade im natürlichen Bewußtsein findet, wird die Reflexion ebensowenig in einen offenbaren Widerspruch zu diesem treten dürfen. Ein solcher Widerspruch ist aber die Ansicht, welche das Gewissen zu einem Vermögen erhebt, das eigentlich gar keinen Inhalt besitzt, dem vielmehr an Stelle dieses ein anderes Vermögen, die praktische Vernunft, beigesellt erscheint. Das Gewissen, als derartige Macht im Menschen gedacht, würde den einen Fehler haben, daß es zu schwach wäre, eine Herrschaft auszuüben, wie sie das Gewissen im menschlichen Leben thatsächlich besitzt. Der Mangel aber wäre hinreichend, um einem derartigen Gewissen den Anspruch auf diesen Namen zu entziehen.

So viel ist gewiß, daß Kant neben Fichte ganz vereinzelt mit seiner Bestimmung des Gewissens dasteht, sowie, daß diese das schwerwiegendste Zeugnis gegen sich findet an dem alten Glauben, der durch alle Zeiten, einmütig wenigstens hierin, in dem Gewissen dem Menschen ein Sittengesetz zugeschrieben hat, das, so verschieden sein Inhalt auch sein mochte, den festesten und sichersten Anhaltspunkt seines hin- und herschwankenden natürlichen Strebens bilden sollte.

Im Widerspruche zu diesem alten Glauben, sofern sich auch bei ihm die Neigung zeigt, das Gewissen zu hypostasieren, aber ebenso übereinstimmend mit ihm, wenn er ein Sittengesetz zum Inhalte desselben macht, definieren wir, von der Einsicht geleitet, daß das Gewissen weder ein selbstständiges Vermögen, noch auch sein Wesen bloß in dem pflichtmäßigen Bewußtsein, das Rechte zu thun, bestehe, im Gegensatz zu Kants allzuengem Begriff, das Gewissen als die Summe der in das Ich aufgenommenen praktischen Grundsätze (Maximen), an welche sich das Individuum, als an den Ausdruck seiner subjektiv-sittlichen Überzeugung, gebunden fühlt.

Wohl treten wir durch diese Begriffsbestimmung in Gegensatz zu einer innerhalb der Herbartischen Schule herrschenden Ansicht. Von dieser möchte uns der Vorwurf treffen, daß unsere Definition zu weit sei; denn nur derjenige habe Anspruch auf Gewissen, dessen sittliche Grundsätze, wahrhaft ethisch, den Idealbildern des Wollens entsprächen.

In diesem Sinne fassen Drobisch,[1]) Strümpell,[2]) Ziller das Gewissen.

---

[1]) Drobisch: Emp. Psych., S. 278: „Unmittelbar ist aber die Erkenntnis des Guten und Bösen gegeben durch das Gewissen, das wir als eine billigende oder mißbilligende Beurteilung der vollbrachten oder beabsichtigten That kennen gelernt haben. Auch diese sittlich praktische Beurteilung kommt also der praktischen Vernunft zu, und dies mag ihr reeller, positiv praktischer Begriff genannt werden, indes ihr theoretischer, als unparteiische Überlegungsfähigkeit, nur negativ und formell ist und, ohne den praktischen, einen eigentümlichen positiven Inhalt entbehrt."

[2]) Vorschule d. Ethik, S. 127: „Die Funktionen des sittlichen und moralischen Urteils bilden das Gewissen." — „Das sittliche Urteil," heißt es vorher, „hängt weder von der Subiectivität ab, noch bezieht es sich auf eine individuelle Gemütsanlage, sondern es stellt einen selbstständigen Wert, eine objektive Würde fest, und insofern ist es ein absolutes. Das moralische Urteil ist das sittliche in der Funktion der Schuldbestimmung".

Letzterer definirt es „als die Summe der in das Ich aufgenommenen ethischen Maximen."

„Als diese ist es nicht immer ein und dieselbe Kraft, da diese Summe wachsen kann an Intensität durch Erweiterung und logische Durchbildung der ethischen Einsicht und durch die Annäherung der Vorstellungsmassen an das Ideal der Persönlichkeit [1])."

Der Gewissensbegriff erscheint nach dieser Auffassung zu enge gefaßt, als daß er den Thatsachen der Beobachtung entsprechen könnte. Indem er eine große Reihe von Erscheinungen, trotzdem diese als seelische Funktionen, wie als Wirkungen gleichartiger Ursachen von den in dem Begriffe allein aufgenommenen durchaus nicht verschieden sind, willkürlich aus der Betrachtung ausschließt, tritt er vielmehr zu der Erfahrung in einen unberechtigten Gegensatz, dessen Quelle die Verkennung des Prinzips ist, nach welchem das Gewissen als ein psychologisches Erkenntnisobjekt betrachtet werden muß.

Es kann nicht in Abrede gestellt werden, daß das Gewissen nach der Erziehung des Einzelnen und der unterschiedlichen Sittlichkeit der Völker und Zeiten nicht nur seinem Umfange nach verschieden ist, sondern daß die einzelnen Gewissen auch durch ihren Inhalt sich bis zu den größten Gegensätzen von einander entfernen. Mit Recht sagt Locke: „Wenn wir umherblicken, um die Menschen, wie sie sind, ins Auge zu fassen, so werden wir finden, daß sie an dem einen Orte Gewissensbisse empfinden über eine begangene oder unterlassene Handlung, welche sie an einem andern Orte für verdienstlich halten." Ebenso Lotze [2]): „So wie der Mensch geht und steht, wie alle seine Verhältnisse ihn gebildet haben, ist der Inhalt des Gewissens sehr Verschiedenes. Ein beschränkter und einseitiger Erfahrungskreis pflegt uns in gewisse Vorstellungsweisen der Dinge einzugewöhnen, die deshalb, weil sie innerhalb dieses Kreises keinen Widerspruch finden, für uns den vollkommensten Schein unbedingter Evidenz annehmen. Man weiß, wie siegreich solche Vorurteile auch dann der Wahrheit widerstehen, wenn diese uns fertig von Außen dargeboten wird und wir nicht die Mühe haben sollen, sie selbst zu finden. Die praktischen Vorurteile, in welche uns Erziehung, Nationalität, Sitte, Beruf und Zeitgeist eingewöhnen, sind nicht minder kräftig, und man kann nicht leugnen, daß unter diesen Einflüssen nicht nur manche gleichgültige Handlung, manches unbedeutende Ceremoniell, sondern selbst Vieles, was die Bildung einer andern Zeit und eines andern Ortes als inhumane Barbarei verurteilen würde, als heilige Gewissenspflicht empfunden, und daß die Verletzung dieser Pflicht mit derselben Beunruhigung unseres Gemüts gebüßt wird, die uns mit Recht nur aus der Übertretung wahrhaft sittlicher Gebote hervorgehen zu dürfen scheint." Gerade der letzte Gedanke aber muß die Ansicht bestärken, daß das Gewissen als ein psychologisches Erkenntnisobjekt zu betrachten sei.

Der ethischen Betrachtungsweise bleibt dann natürlich unbenommen die Aufgabe, die sittlichen Grundsätze an einem Ideal ihrem Werte nach zu prüfen und darzustellen, inwiefern sie Anspruch auf objektive Gültigkeit haben oder nicht. Aber immerhin vermag sie nur den sittlichen Wert des Gewissens, nie sein Wesen zu bestimmen.

Wenn z. B. der Corse die Blutrache, die ihm durch das Leben in seinem Volke als sittliche Pflicht erscheinen mußte, unterließ, fühlte er sich da nicht ebenso beunruhigt im Gemüte, wie wenn ein Verbrecher, der in einem civil

---

[1]) Ziller: „Prakt. Philos." Colleg.
[2]) Mikrokosmus. Bd. II, S. 310 ff.

firten Volke erwachsen, den ersten Mord begangen, und ist es nicht qualitativ ein und dieselbe Qual, die beide belastet, und ist diese Qual selbst nicht sogar die Wirkung ein und derselben Ursache, nämlich der Übertretung sittlicher Grundsätze, an die der Mensch sich gebunden erachtet? Für die Qual des Letztern würde der Ethiker den Namen Gewissensbisse zulassen. Aber indem er gemäß seiner Definition dem ersteren ein Gewissen absprechen muß, wird er in seiner Ansicht schlagend widerlegt durch die That= sache, daß der civilisirte Verbrecher nichts anderes und aus keinem andern Grunde litt, als jener Corse.

Als Gewährsmänner für die von uns vertretene Ansicht wollen wir aus dem Kreise der Herbartischen Schule zwei anführen: Th. Waitz und Ohlawsky.

Der erstere sagt[1]): „Das Gewissen ist etwas Erworbenes; es beginnt sich im Menschen zu regen, sobald eine von ihm anerkannte Norm des Wollens und Handelns mit einem auf sie bezüglichen Falle in seinem Vorstellen zusam= mentrifft" und: „Man kann nicht in Abrede stellen, daß das Gewissen bei Menschen aus verschiedenen Culturstufen, aus verschiedenen Nationen oder Jahrhunderten wesentlich verschiedene Aussprüche thut. Bisweilen erscheint sogar dem Gewissen des Schwärmers und Fanatikers als heilige Pflicht, wo= von das Gewissen des Besonnenen sich mit Abscheu hinwegwendet. Selbst die Temperamente begründen hierin oft bedeutende Unterschiede: das Gewissen des Sanguinikers schweigt, ohne darum den Vorwurf der Stumpfheit zu ver= dienen, bei gar manchen Dingen gänzlich, über die der Melancholische sich nicht hinwegzusetzen vermag; ja der genauere Beobachter findet leicht, daß das eigene Gewissen nicht immer sich vollkommen konsequent bleibt in seinen Aussprüchen, daß es bisweilen sich leichter, bisweilen schwerer zufrieden giebt[2])".

Bei Ohlawsky[3]) heißt es: „Die Summe der sich im Innern erzeugenden Vorsätze ist das, was das Gewissen jedes Einzelnen ausmacht." . . . . „Man mag das Gewissen auch eine Stimme nennen, die die beabsichtigte oder voll= brachte That billigt oder mißbilligt. Diese Stimme redet aber in Jedem an= ders, und dies ist natürlich; denn von einem Gewissen im Allgemeinen kann nach dem, was über die schroffen Gegensätze der herrschenden Vorstellungen zwischen Einzelnen und ganzen Völkern gesagt wurde, in allewege nicht die Rede sein."

Das aber, worauf der Vorsatz sich richtet, stellt auch er der Ethik anheim.

So ist uns denn das Gewissen nicht die praktische Vernunft oder die praktische Einsicht[4]) im Allgemeinen, sofern diese als etwas in den ethischen

[1]) Allgemeine Pädagogik, Cap. 13.
[2]) Ansprechend sagt G. Ebers in „Homo sum": „Des Galliers Gewissen stand im umgekehrten Verhältnis zu der Rüstigkeit seines Leibes. Ging es ihm gut, so focht ihn seine an dunklen Flecken überreiche Vergangenheit wenig an, aber wenn die Schwäche ihn über= mannte, so wußte er dem blassen Dämon nicht zu wehren, der ihn zwang, sich gerade der jenigen Thatsachen mit peinlicher Deutlichkeit zu erinnern, die er am liebsten zu vergessen wünschte."
[3]) „Die Vorstellungen im Geiste des Menschen", S. 109.
[4]) Nahlowsky (Ethik § 13) identifizirt scheinbar praktische Einsicht und Gewissen: „Die Idee der inneren Freiheit", heißt es hier, „beruht auf der inneren Beziehung zwischen dem Willensentschluß einerseits und der praktischen Einsicht (oder dem Gewissen) andererseits." Eine „genauere Analyse" des Begriffs und seiner Bedingungen stellt er in der zu erwarten= den „Tugendlehre" in Aussicht. In einer dankenswerten persönlichen Zuschrift an den Verfasser bemerkt Nahlowsky hierüber Folgendes: „Die auf Seite 101 der Ethik in Klammern eingeschlossene Apposition — praktische Einsicht (oder Gewissen) — wurde gewählt, weil vor= auszusetzen war, dem nicht gerade der Herbartischen Schule angehörigen Leser dürfte der Ter

Ideen Eingeschlossenes ein Einiges und Unwandelbares sind, das Niemand vollständig und gesichert im Besitz in sich hat; auch ist es uns nicht eine Summe von nur ethischen Maximen und Grundsätzen, von Idealprinzipien also, sondern es ist uns die Summe der allmählich im Menschen erwachsenden praktischen Grundsätze, mögen diese nun den Idealbildern des Wollens ent= sprechen oder in einem Gegensatze zu ihnen sich befinden.

„Will der Psycholog" — zu diesem Satze kommen wir durch unsere Be= griffsbestimmung mit Ohlawsky — „sich nicht zwecklos drehen und wenden, so wird er sich zu dem offnen Geständnis gedrungen fühlen: Es giebt kein Gewissen im Allgemeinen; wie schwer erkennbar auch die geringeren Unter= schiede sein mögen, die Erfahrung lehrt: Wieviel Menschen, soviel Gewissen." Bloß der eine gleiche Zug ist allen gemein, daß ihr Inhalt der Ausdruck der innersten Überzeugung jedes Einzelnen ist.

b. Ursprung des Gewissens.

Mit diesem Resultat treten wir an die zweite Frage heran: Welches ist der Ursprung des Gewissens?

Es wird sich aus der Antwort einerseits das Urteil über Kants Auf= fassungsweise, wie andrerseits eine Entwickelungsgeschichte des Gewissens ergeben, die am besten unsere eigene Ansicht über den Begriff des Gewissens rechtfer= tigen dürfte.

„Das allgemeine Vorurteil, sagt A. Ritschl („Ueber das Gewissen"), ist noch immer auf der Spur der stoischen Annahme, daß das Gewissen eine Na= turgabe und unabhängig von den Einwirkungen der Gesellschaft sei, daß es zur Ausstattung des geistigen Lebens gehört, in welchem jeder Einzelne als solcher geboren wird." So wenig wir nun mit Ritschl dies Vorurteil als ein allgemeines hinstellen möchten, die Thatsache, daß es mehr als einmal ge= hegt, und von theologischer Seite zum Teil noch gehegt wird, kann nicht in Zweifel gestellt werden.

Freilich wird die Auffassung des Gewissens als einer seelischen Erschei= nung, in der eine sittliche Beurteilung zum Ausdrucke gelangt, dieser Ansicht gerade am wenigsten ein Existenzrecht zugestehen können; denn sie macht die Voraussetzung eines der Beurteilung zu Grunde liegenden, ihr bekannten und von ihr anerkannten Maßstabes notwendig, einer allgemeinen Norm also, durch die jedem einzelnen Willensakte der ihm zukommende Wert bestimmt wird, indem je nach der Übereinstimmung oder dem Widerstreite des einzelnen Willens mit der Norm für das Wollen überhaupt der Werth seinen Ausdruck findet, und zwar durch ein Urteil der Billigung oder Mißbilligung. Nach dieser Auffassung fällt daher die Frage nach dem Ursprunge des Gewissens zu= sammen mit jener nach dem Ursprung einer derartigen sittlichen Norm.

Zweierlei Art nun kann der Ursprung derselben, zweifachen Ursprungs damit das Gewissen selbst sein. Entweder es gilt als eine ursprüngliche Be= gabung des Menschen, eine Begabung, welche die allgemeinen Regeln des Wollens und Handelns, das Sittengesetz zum Inhalte hat, oder, wenn anders die Psychologie diese Auffassung nicht zuläßt, erscheint es als ein Erzeugnis des Lebens, vom Menschen allmählich erworben, indem ihm jene allgemeinen Normen immer mehr zum Bewußtsein kommen. Die erstere Anschauung hat

minus „Gewissen" verständlicher sein als der „praktische Einsicht." Eine Identität beider Begriffe ist damit nicht behauptet. Doch werden beide Terminen innerhalb der rein prakti schen Sphäre mit gutem Recht als Synonyma gebraucht, insofern sie beide im Wesen das selbe bezeichnen, nämlich: Den Inbegriff der ethischen Urteile über das Wollen und zugleich der Musterbilder für das Wollen."

sich in der Geschichte der Philosophie mehrfach wiederholt. Allein sie ist eine irrige. Längst hat die Psychologie gelehrt, daß alle allgemeinen Begriffe und Urteile nicht ursprünglich in der Seele des Menschen existieren, sondern einer Entwickelung unterworfen sind.

Sollte es mit dem Gewissen, das als Ausdruck des in uns aufgenommenen Sittengesetzes solche allgemeinen Begriffe und Regeln voraussetzt, anders sein? Einer derartigen Annahme widerstreitet die alltägliche Erfahrung; denn keinen einzigen Fall bietet sie im unentwickelten Leben des Kindes dar, welcher auf das Vorhandensein einer apriorischen, von erziehenden Einflüssen unabhängigen sittlichen Urteilsfähigkeit desselben hinwiese [1]).

«So gewiß man aber», so ziehen wir mit Waitz den Schluß, «auf die Existenz einer Kraft, wenn sich nicht etwa darthun läßt, daß diese zwar vorhanden, jedoch durch andere entgegenwirkende Kräfte gebunden sei, nur aus ihren thatsächlichen Äußerungen schließen darf, im unentwickelten, von Erziehung durchaus nicht beeinflußten Kindesleben solche Äußerungen aber nicht vorkommen: so gewiß kann das Gewissen als ein angebornes Urteilsvermögen nicht angesehen werden.»

Angesichts dieser Wahrheit ist es kaum nötig, noch hinzuweisen auf die große Verschiedenheit der einzelnen Gewissen, die freilich als «unerheblich» geschildert oder gar übersehen wird» von denen, die jener Anschauungsweise geneigt sind.

Aber in der That ist dieselbe weder unerheblich (Locke, Lotze), noch darf sie als für die Frage gleichgültig angesehen werden. Denn diese Verschiedenheit wäre, wollte man sie auch noch so sehr aus der Individualität jedes Einzelnen erklären, unter der Voraussetzung ihrer Ursprünglichkeit kaum vereinbar mit dem notwendigen Glauben an eine sittliche Weltordnung und in ihren Konsequenzen eher danach angethan, die Sittlichkeit zu untergraben, als zu stützen.

Der Einwand jedoch, daß das Gewissen sehr wohl als solches angeboren, zugleich aber auch, wie alle andern Anlagen im Menschen ebenso der Verwilderung als der Bildung fähig sei [2]), hebt dann im Grunde die Behauptung auf, daß der Mensch ursprünglich ein Gewissen, ursprünglich ein Urteil über Gutes und Böses in sich trage, und indem der Einfluß der Erziehung auf die

---

[1]) Lazarus „Ursprung der Seele“: „Keine bestimmte Vorstellung, keine konkrete Anschauung ist dem Menschen angeboren, keine bestimmte Idee, kein Willensakt, überhaupt kein gegebener Inhalt. Vielmehr können wir ziemlich genau den Gang und die Stufen aller derjenigen Ideen, welche man jonst für angeboren gehalten hat, nachweisen; wir kennen und beachten die psychischen Elemente, aus denen die Begriffe, Urteile, Ideen als Resultate allmählich hervorgehen.“

[2]) So sagt H. Schubert „Geschichte der Seele“: „Aber warum hat der Mensch jenen Spiegel eines göttlichen Willens (das Gewissen), worin der geistig Wache sein eigenes Ihm erkennt sogar nicht, oder doch so höchst unvollkommen und getrübt in sich? Ohne die Spur eines innern Widerstrebens mordet der Wilde den vermeintlichen Feind, ja er mordet nach der Sitte seines Volkes die alten Eltern oder den eignen hilflosen Säugling. Scheint doch öfters den Menschen, der gleiches Band der äußern Bildung mit uns dedt, zur Bezeichnung ihres eignen Thuns das rechte bezeichnende Wort innerlich ganz zu fehlen. Wo wäre hier eine Stimme und Sprache des Gewissens? Schubert giebt hierauf die Antwort: Vergessen wir jedoch nicht, daß dies nicht der ursprüngliche, sondern der krankhaft entartete Zustand unserer Natur ist. Die Gabe des Gesetzes in die Menschenseele, des Gesetzes, welches unser Thun und Lassen richtet, ist so alt als die Gabe (!) der Sprache und ist selbst mit dieser nahe verwandt. Ein Entfernen von dem Quell Beider, hat aber, hier wie dort, eine Verwirrung herbeigeführt, welche nur durch eine neue geistige Schöpfung gelöst werden kann. Unsere innere Natur verliert mit ihrer eigentlichen, lebendigen Sprache zugleich auch das Verständnis für die Stimme, die von oben kommt.“

Entwickelung des Gewissens zugestanden wird, kommt der Unterschied von An=
geborensein und nicht Angeborensein auf einen leeren Wortstreit heraus, insofern
als zuletzt freilich alles, was sich im Menschen entwickeln läßt, nur aus dem
hervorgehen kann, was in der Natur seines Wesens gelegen ist. Dabei trifft aber
noch immerhin diejenigen ein Vorwurf, die das Wort „ursprünglich" oder
„angeboren" an unrichtiger Stelle gebrauchen, um eine wesentliche Eigenschaft
des Gewissens zu kennzeichnen.

Hier nun ist der Ort, auf Kant zurückzukommen. Er sagt mit Rücksicht
auf den Ursprung des Gewissens: „Es ist nicht etwas Erwerbliches und es
giebt keine Pflicht, sich eines anzuschaffen" oder an der anderen Stelle: „Es ist
eine dem Wesen des Menschen einverleibte Anlage", als solche ursprünglich
und unveränderlich.

Wir haben in der Darstellung seiner Lehre Kant vertheidigt gegen die
Annahme, als ob er die Behauptung von der Ursprünglichkeit des Gewissens,
sein Angeborensein in dem Sinne aufgestellt hätte, wie dieser Begriff oben
zurückgewiesen wurde. Wir fanden diese Annahme schon durch Kants eigene
Interpretation seiner Ansicht widerlegt, in welcher er das Auftreten des Ge=
wissens als Wirkung des von der praktischen Vernunft aufgestellten Sittenge=
setzes bezeichnet. Gerade diese Darlegung beweist, daß auch Kants Gewissen
nicht etwas Ursprüngliches, sondern etwas Erwerbliches, nämlich die Wirkung
des Sittengesetzes ist.

Es trifft also auch ihn der Vorwurf, dem Gewissen eine Eigenschaft im
unrichtigen Sinne beigelegt zu haben. Auf der anderen Seite aber ist zuzugestehen,
daß der Gedanke, das Gewissen sei die Wirkung des Sittengesetzes der prak=
tischen Vernunft, ein richtiger Blick auf die Entstehung des Gewissens war,
und daß nur die eigentümliche Auffassung desselben, als eines von der prak=
tischen Vernunft mit ihrem Sittengesetz getrennten selbstständigen Faktors der
Seele, ihn verhinderte, eine richtige Einsicht in die Entwickelung dieses psychi=
schen Phänomens zu gewinnen. Das Ergebnis, zu dem wir somit gelangen
ist dies: So wenig der Mensch ursprünglich und von selbst ohne alle Einwir=
kung von Außen auf irgend welchem Gebiete menschlichen Wissens irgend welche
Begriffe hat, so wenig ist dies auf dem sittlichen der Fall. „Sein Gewissen
ist vielmehr etwas Erworbenes, eine seelische Erscheinung, deren Existenz als
Voraussetzung die Erkenntnis einer Norm für das Wollen und Handeln er=
heischt, und die sich dann bei ihm geltend zu machen beginnt, sobald mit den
„von ihm anerkannten Normen des Wollens und Handelns ein auf sie bezüg=
licher Fall im Vorstellen zusammentrifft."

Eine „Genesis des Gewissens" läßt sich also nur verstehen aus der Er=
kenntnis, wie diese allgemeinen Normen für das Wollen und Handeln in der
Seele des Menschen entstehen. Dies soll der folgende psychologische Nachweis
darzuthun versuchen.

So lange der Mensch nur der Natur gegenübersteht, kann das Sittliche
in ihm nicht zur Entwickelung kommen, weder in der Form von Begriffen
und Urteilen, noch in der Form des Gefühls, welche letztere jener vor=
ausgeht.

Die ersten Bedingungen des Entstehens der moralischen Gefühle liegen
in dem Zusammenleben mit anderen Menschen. Es sind dies zunächst die
Eltern. In der frühesten Jugend nun findet eine derartige Verknüpfung aller
seelischen Zustände des Kindes mit den Anschauungen seiner Ernährer und
Beschützer statt, daß, wie Strümpell das Bild gebraucht, deren Bewegungen
fast ausschließlich sich um die letztern drehen und eine Entrückung ihres

Schwerpunktes das kindliche Gemüt auf eine Weise stört und verwirrt, welche erkennen läßt, wie sehr das Kind, auch in geistiger Hinsicht hilflos und un= selbstständig, gänzlich an eine äußere Einwirkung gebunden ist.

Durch letztere bereichern sich aber allmählich die Vorstellungen, und indem sich ganze Vorstellungsreihen ausprägen, wird das geistige Leben des Kindes reger und selbstständiger. Unterstützt von dem erlangten Gebrauch der Sprache bilden sich Phantasievorstellungen, welche, bald reicher, bald ärmer, in ihrer Qualität natürlich stets von der Umgebung des Kindes bedingt, bald auch in einem äußern Thun Ausdruck finden.

Mit dieser Stufe ist die erwähnte Gebundenheit zwar nicht geschwunden, aber doch gelockert durch eine selbstständige, nach Außen hin wirkende Bethäti= gung des Geistes. Jetzt vermag dieser das Angenehme und das Unangenehme, das Wohl= oder Wehebringende, das er erfährt, in der Vorstellung zu verei= nigen mit den Persönlichkeiten, von welchen es entspringt. Alles, was dem Menschen in der Wahrnehmung als That gegenübertritt, erregt ja neben dieser, wenn zuweilen auch nur leise, den Eindruck der Übereinstimmung oder des Widerstreites mit den Regungen unseres Gemüts. Aber auf der frühesten Stufe menschlicher Entwickelung ist der Inhalt dieses Eindruckes nicht auf seine Ursachen zurückzuführen, erst später konzentriert das Kind auf die Persönlich= keiten, mit denen es im Wechselverkehre steht, eine Summe von Gefühlen, in= dem es die in ihm erregten Gefühle überträgt auf die sie veranlassende Person und derselben so eine Absicht, eine Gesinnung beilegt, oder daß es andererseits bei dem eignen Thun alle Empfindungen und Gefühle, die es als dessen Fol= gen zu übersehen vermag, mit Bewußtsein in Verbindung setzt zu der Person, welcher es gilt. Als Person beginnt jetzt das Kind der Person gegenüber zu stehen, eine gewisse Gesinnung hegend und bei der andern eine bestimmte Ge= sinnung vorauszusetzen.

Hiermit ist die allgemeine Grundlage bezeichnet, auf der sich sittliche Ver= hältnisse entwickeln können.

Die Erscheinungen aber, die vom Kinde von einer gegenüberstehenden Person aufgenommen werden, werden notwendig auch auf andere Persönlich= keiten übertragen: das eine Bild der fremden Gesinnung wird zum Maßstabe aller übrigen Personen und Erscheinungen.

Das Wesentlichste für die Entwickelung des sittlichen Gefühls ist hierbei dies, daß das Bild der fremden Persönlichkeit einen durchgreifenden Einfluß ausübt auf unseren eignen Gedankenlauf, auf unser Begehren und Wollen ins= besondere; denn die uns gegenüberstehende Person ist in unserem eignen Vor= stellungsleben eine bestimmte Macht, eine Autorität geworden, welche hemmend und fördernd auf die Vorstellungsreihen einwirkt, die uns beim Handeln leiten, sobald dieses Handeln in irgend einer Weise zu dieser Person in Beziehung tritt oder zu treten scheint. „Das Bild seiner Mutter“, sagt Pestalozzi vom Kinde, „das es überall begleitet, wird selbst sein Gewissen.“ Es ist indessen unterschiedlich, welcher Art die Autorität ist, durch welche der fremde Wille normativ für den unsrigen wird.

So lange die Macht des gebietenden Willens auf einem äußeren Zwange beruht, ist dem daraus resultierenden Handeln kein sittlicher Wert zuzusprechen; ein solcher kommt ihm erst da zu, wo es aus einer „in unserem Geiste selbst ausgebildeten und konsolidierten Vorstellungsreihe hervorgeht.“

„Das sich Befangenfühlen in der Autorität, heißt es bei Waitz, ist an und für sich noch kein moralisches Gefühl; es entwickelt sich aber zu diesem, jemehr das Kind in dem Gebote der Eltern die Manifestation einer höhern, unbefangnen Einsicht erkennt".

Das so entstandene sittliche Gefühl ist also begründet in dem Bilde der uns gegenüberstehenden erziehenden Persönlichkeiten und in unserem gesamten, in diesem Bilde angeschauten Verhältnisse zu ihr, und es ist deshalb die Macht des Gewissens dieser Stufe in dem Menschen besonders die Macht, welche das Bild von jenen Persönlichkeiten über sein Begehren und Entschließen ausübt. So erfolgt das gewissenhafte Handeln des Kindes — wie das vieler Menschen auch in späterer Zeit — aus einem dunklen Drange des Gefühls.

Jedoch muß das Gewissen dieser Stufe — und zwar durch Ausbildung ethischer Begriffe — zum klaren Bewußtsein erhoben, „in feineren Nüancen vervollständigt, schärfer bestimmt und wo es nötig ist, berichtigt werden." Denn nur implizite kann das Gute durch das Gefühl erfaßt werden, in klarer begrifflicher Sonderung nur durch das speculative Denken. Und so mächtig und einflußreich das sittliche Gefühl auch ist, so haftet ihm doch, wie überhaupt allem Gefühle etwas Unklares an, so daß, wer im Handeln nur seinem temporären Gefühle folgt, sich einem unsichern Führer anvertraut hat. Sind daher die Anfänge sittlicher Normen in der Seele des Menschen in der Form des sittlichen Gefühles entstanden, so müssen diese zu Reihen klarer sittlichen Urteile und Maximen entwickelt werden.

Kant ordnete die Maxime dem praktischen Grundsatze als bloß subjektive Regel unter (Krit. d. pr. Vrft. § 1), Strümpell (Vorschule der Ethik) unterscheidet Maxime und Grundsatz so, daß die Maxime noch den Vorbehalt an sich trägt, nach Umständen modifiziert oder wohl ganz negiert zu werden, der Grundsatz jedoch jeden Vorbehalt ausschließt.

Wir fassen hier (nach Volkmanns Vorgange) Maxime und praktischen Grundsatz als gleichbedeutend. Beiden ist ebenso die Verallgemeinerung des Urteils in theoretischer wie die Tendenz zur Verwirklichung in praktischer Beziehung eigen. Maximen sind also „Grundurteile, die wir als Regeln unseres Handelns anerkennen, und die zu den einzelnen praktischen Entschließungen in demselben Verhältnis stehen wie die abstrakte Vorstellung, unter welche ein einzelner Fall gehört, zu diesem selbst". Ihr Entwickelungsgang ist folgender [1]): Die der Entschließung vorausgehende Überlegung endigt mit der Wahl und ist selbst nichts Anderes als ein auf der Wahl der am besten scheinenden Motive beruhender Wille. Ist dieser Wille dann durch die That verwirklicht, ohne eine Verletzung des moralischen Gefühls, ohne Reueäußerungen zur Folge zu haben, so wird er zur Grundlage einer Norm für alle diejenigen Entschließungen, in denen gleiche oder ähnliche Komplexe verschiedener Motive eine Wahl der geeignetsten nötig machen, um dann gemäß derselben jenen zu gestalten.

Denn in allen späteren Fällen, in denen ähnliche Komplexe widerstreitend einander gegenüberstehen, wird die Entscheidung nach Gesetzen der Assoziation und Reproduktion, eine gleiche oder ähnliche sein, und das um so gewisser, je häufiger Zeit und Lebensumstände den Menschen mit denselben sittlichen Verhältnissen umgaben. Um so sicherer ferner wird eine einmal gefaßte Entschließung für alle analogen Verhältnisse dieselbe sein, wenn keine Verletzung des moralischen Gefühls dadurch veranlaßt wurde, wenn zudem mit der Integrität des letztern zugleich die billigenden Urteile anderer übereinstimmten, mögen diese nun über eigene oder über die Handlungen einer dritten Person ergangen

---

[1]) Vergl. „Volkmann: Psychol." Th. II., § 150—154. „Th. Waitz: Lehrb. d. Psychol."

sein. Auf diese Weise bilden sich Gewohnheiten, gewissen Gefühlen vorzugs= weise zu folgen, anderen dagegen keinen Einfluß auf die Entscheidung zu ge= statten. Das Handeln des Menschen trägt nun einen Charakter an sich, in dem bestimmte Maximen ihren Ausdruck finden, obwohl diese dem Menschen als solche erst dann hervortreten, wenn es ihm gelingt, in einem allgemeinen Satze die Handlungsweise auszusprechen, die er unter analogen Umständen gleich= mäßig und dauernd befolgt. Im bisherigen hat vorzugsweise das theoretische Moment, das im Begriffe der Maxime liegt und wonach sie als ein begeh= rensloses Urteil, als ein Wissen also, erscheint, seinen Ausdruck gefunden. Fragen wir nun, wie sich das praktische Moment, die „Tendenz zur Verwirk= lichung" geltend macht, wie also die Maxime aus einem bloßen Wissen zum Ausdrucke eines Sollens oder Nichtsollens wird.

Treffend analysirt Volkmann[1]) diesen psychologischen Prozeß, wenn er sagt: „daß die Maxime sich über das bloße Urteil zu der Norm für das Wollen erhebt, die nicht bei der bloßen Aussage über das Gelingen oder Miß= lingen der Apperzeption stehen bleibt, sondern die Apperzipierbarkeit des Wollens geradezu fordert, hat seinen Grund darin, daß die Maxime selbst ein Gewolltes, Gegenstand eines Wollens ist, oder vielmehr wird, sobald ihr ein unangemes= senes Wollen entgegentritt.

Das Wollen, das als bloßes Bild fortbesteht, erfährt, wenn es als Glied eines mißfälligen Verhältnisses gedacht wird, Mißbilligung, das wirkliche Wol= len dagegen, das sich trotz dieser Mißbilligung einstellt und behauptet, wird zurückgewiesen, indem die Herrschaft der Maxime gewollt wird." Ganz ähn= lich sagt Nahlowsky[2]): „Zeigt sich in unserm Innern ein Wollen, das einem der sittlichen Musterbilder widerstrebt, so ist etwas da, was nicht da sein sollte, ein Mißfälliges also. Die Urteile über das Wollen erheben sich jetzt im In= nern als ein Wille, der auf Abänderung des mißfälligen Verhältnisses dringt. Es springt jetzt die Forderung, der Imperativ hervor."

Die Summe der auf diese Weise entwickelten Maximen, die allmählich im Individuum erwachsen und für sein Wollen und Handeln verpflichtend sind, ist das, was das Gewissen jedes Einzelnen ausmacht.

So lehrt uns die Psychologie den Begriff des Gewissens kennen. Die Ethik hat nun die weitere Aufgabe, den Inhalt des Gewissens, die praktischen Grundsätze oder Maximen also, ihrem objektiven Werte oder Unwerte nach zu prüfen.

Unsere Erörterungen über die praktischen Grundsätze blieben insoweit un= vollständig, als wir auf die Art ihres Inhalts noch keine Rücksicht nahmen. Eine kurze Prüfung des letzteren führt uns von der psychologischen zur ethi= schen Betrachtungsweise, die den Abschluß der Frage nach der Entwickelung des Gewissens bilden soll.

Je nach der Stufe der Kultur, der Bildung, des Zeit= und Volksgeistes sowie der dadurch bedingten Qualität der Vorstellungskreise und der Mannig= faltigkeit der veranlassenden Begehrungen ist der Inhalt der Maximen ein verschiedener. Mit Rücksicht hierauf unterscheidet man in der Regel pathole= gisch=eudämonistische und ästhetisch=ethische Maximen, oder Grundsätze der Glückseligkeit und Grundsätze der wahren Sittlichkeit. Zuerst pflegen aus den sinnlichen Begehrungen des Angenehmen und dem Verabscheuen des Unange= nehmen Maximen hervorzugehen mit dem Bestreben, die Lust zu ergreifen, die

---

[1]) a. a. O. Th. II., § 150.
[2]) Ethik, S. 109.

Unluft zu verwerfen. Es sind dies die Maximen des sinnlichen Genusses um des Genusses willen; sie bilden einen Standpunkt sittlicher Beurteilung, wie er dem Wilden und dem noch unvernünftigen Kinde eigen ist.

Mit dem Fortschritt geistiger Entwickelung, mit der Bildung des Ver= standes tritt dann eine Unterscheidung ein innerhalb dessen, was angenehm und unangenehm ist. Die fortschreitende Erkenntnis lehrt, daß manches An= genehme der menschlichen Natur schädlich, manches Unangenehme zu Nutzen sei, und bestimmt demgemäß auch den Inhalt neuer Maximen. Das Urteil geht nicht mehr auf Lust und Unlust überhaupt, sondern in Ansehung ihres Ein flusses auf das Leben und auf die Natur des Menschen. Es sind Maximen der Klugheit, die jetzt zu Tage treten.

Wenn dann schließlich mit der Herrschaft der Vernunft der menschliche Geist sich zum Idealen erhebt, wenn das hierdurch bewirkte Zurücktreten der Begierden auch das allmähliche Schwinden des Egoismus im Gefolge hat, dann beginnt der Mensch sein Wollen zu fixieren, um dasselbe mit den Bildern eines Idealwollens zu vergleichen. Aus dieser Vergleichung entspringt ein reines (absolutes) Wohlgefallen oder Mißfallen an den Verhältnissen des Wollens.

Je deutlicher nun und bestimmter bei der Wahrnehmung und Vergleichung des Wollens der reine, durch keine Nebenrücksichten getrübte Beifall oder dessen Gegenteil, das sittliche Mißfallen sich regt, und je öfter nach geschehener Nichtachtung die Qual der Reue durchlebt ist, um so gewisser bilden sich die Maximen wahrer Sittlichkeit. Diese, als die höchsten Grundsätze über das Wollen, sind recht eigentlich als das letzte Ergebnis im Leben ein inneres und innerstes Wissen von objektiver Gültigkeit; ihren Inbegriff nennen wir das wahrhaft sittliche (ethische) Gewissen.

c. Bethätigung des Gewissens.

Lehrte uns der vorige Abschnitt die Entwickelung des Gewissens kennen, so erübrigt es noch, die Bethätigung oder die Funktionen desselben einer Be= trachtung zu unterziehen.

Wir sahen, wie der Mensch durch Umgang mit anderen, durch Betrach= tung der eigenen Thaten und ihrer Folgen, vor allem durch Erziehung zu ge= wissen sittlichen Urteilen gelangt, wie diese im Fortgange der Bildung aus dem moralischen Gefühle sich allmählich entwickeln zu klar erkannten Maximen darüber, worauf des Menschen Streben zu richten sei, und wovor er sich hüten müsse. Die Summe dieser im Individuum entstandenen Maximen war uns das, was das Gewissen jedes Einzelnen bildet.

Wenn nun eine einzelne Handlung auftritt, so kann sie übereinstimmen mit der Maxime, als dem Allgemeinwillen, unter dessen Beurteilung sie ge= hört, oder ihr widerstreiten. Es erfolgt also ein Zusammenstoß zweier Vor= stellungsmassen, der appercipierenden, in welcher die Maxime beschlossen ist, und der zu appercipierenden, aus welcher die Handlung hervorging. Ist der der Handlung zu Grunde liegende Einzelwille so beschaffen, daß er mit dem sittlichen Grundsatze übereinstimmt, so unterstützen und kräftigen sich die beiden Vorstel= lungsmassen; es macht sich im Momente ihrer Vereinigung eine Förderung der Vorstellungsthätigkeit und dadurch ein Wohlgefühl geltend. „Gewissens= ruhe", „gutes Gewissen" nennt der Sprachgebrauch diesen Zustand, der psy= chologisch als ein Gefühl der Lust aus dem sittlichen Beifall zu betrachten ist[1]).

---

[1]) „Zu bemerken ist," sagt Kant im Schlußsatze der letzten Stelle seiner Lehre vom Gewissen, „daß der rechtskräftige Spruch des Gewissens über den Menschen, ihn loszusprechen, wie eine Belohnung (praemium), als Gewinn von etwas, was vorher nicht sein war, be-

Der Einzelwille oder die Handlung kann sich aber auch im Gegensatze zu dem Vorstellungskomplexe befinden, welcher die Maxime umfaßt. Dann erzeugt dieser Widerstreit einen Konflikt, eine Herabstimmung der psychischen Lebensthätigkeit. Es entsteht aus dem sittlichen Tadel jenes Wehegefühl, das der Sprachgebrauch bildlich mit dem Ausdrucke „Gewissensbisse" bezeichnet.

Je mehr der Einzelwille dem Gesammtvorsatze zuwiderläuft, und je deutlicher der sittliche Wert der Maxime erkannt ist, zu einem desto höheren Grade steigern sich jene peinlichen Gefühle, die mit den betreffenden Vorstellungen immer wieder in das Bewußtsein zurückkehren. Wie das Gewissen so mächtig, ja furchtbar wirken kann, begreift sich, wenn man bedenkt, daß der Allgemeinwille seinen Sitz in dem Ich hat und daß dieses durch ein Zuwiderlaufen des Einzelwillens gegenüber dem Gesammtvorsatz — mit sich selbst in einen selbstverschuldeten Zwiespalt gerät. Das Ich teilt sich hier gleichsam in zwei Hälften, in das gute und in das böse Prinzip. Einerseits tritt vor die Seele das Bild der Handlungsweise, die durch den Allgemeinwillen vorgezeichnet war, andererseits taucht immer wieder das Bild der wirklich unternommenen, ihrem Muster entgegengesetzten Handlung im Bewußtsein auf. An die Vorstellung des Gethanen knüpft sich unauflöslich die andere, daß es hätte unterbleiben sollen. Und in diesem Eingeklemmtsein zwischen der That, die sich nie mehr ungeschehen machen läßt und der Unerbittlichkeit der verletzten Maxime, die nicht hinwegraisonirt werden kann, liegt der tiefe Stachel der Reue, der Gewissensbisse.

Kaum dürfte das Bild dieses seelischen Vorgangs mit psychologisch schärferer Auffassung und mit poetisch gewaltigerer Anschaulichkeit sich dargestellt finden, als von Sheakespeare in König Richards Traum:

„Still, ich träumte nur,
O feig Gewissen, wie du mich bedrängst!
Das Licht brennt blau. Ist's nicht um Mitternacht?
Mein schauderndes Gebein deckt kalter Schweiß.
Was fürcht' ich denn? mich selbst? sonst ist hier Niemand.
Richard liebt Richard: das heißt, Ich bin Ich.
Ist hier ein Mörder? Nein! — Ja, ich bin hier.
So flieh! Wie? vor mir selbst? Mit gutem Grund:
Ich möchte rächen. Wie? mich an mir selbst?
Ich liebe ja mich selbst. Wofür? für Gutes,
Das je ich selbst hätt' an mir selbst gethan?
O leider, nein! Vielmehr haß' ich mich selbst,
Verhaßter Thaten halb, durch mich verübt.
Ich bin ein Schurke, doch ich lüg', ich bin 's nicht!
Thor, rede gut von dir! Thor, schmeichle nicht!
Hat mein Gewissen doch viel tausend Zungen,
Und jede Zunge bringt verschiednes Zeugnis,
Und jedes Zeugnis straft mich einen Schurken.
Mord, grauser Mord, im fürchterlichsten Grad,
Meineid, Meineid im allerhöchsten Grad,
Jedwede Sünd', in jedem Grad geübt,
Stürmt an die Schranken, rufend: Schuldig, schuldig!
Ich muß verzweifeln. Kein Geschöpfe liebt mich,
Und sterb' ich, wird sich keine Seel' erbarmen.
Ja, warum sollten's andre? Find' ich selbst
In mir doch kein Erbarmen mit mir selbst."

In dem vorher Gesagten sind die Gewissenserscheinungen ihrem Wesen nach vollständig bestimmt. Der Ausdruck der Gewissensbethätigung — zu

schließen kann, sondern nur ein Frohsein, der Gefahr, strafbar befunden zu werden, entgangen zu sein, enthält, und daher die Seligkeit, in dem trostreichen Zuspruche seines Gewissens, nicht positiv (als Freude), sondern nur negativ (Beruhigung, nach vorhergegangner Bangigkeit) ist."

diesem Schlusse kommen wir — ist eine von Wohl= oder Wehgefühl begleitete in moralischer Hinsicht geschehene Beurteilung unseres Wollens und Handelns. Ein jeder derartige Akt des Gewissens aber zieht durch die verzweigten Gemütsbewe= gungen, mit denen er verbunden, die psychologische Aufmerksamkeit so sehr auf sich, daß von dem ganzen geistigen Prozeß meist nur die Resultate zum Be= wußtsein kommen.

Die vielfachen Einteilungen des Gewissens sowohl rücksichtlich seiner Bethä= tigung, als auch seines Wesens und Inhaltes können wir übergehen, da sie häufig nur an äußerliche Beziehungen geknüpft und durchweg aus sich selbst verständlich erscheinen, sobald nur das Wesen des Gewissens richtig erkannt werden ist [1]).

Kants Darstellung der Bethätigung des Gewissens hat wohl, wie Scho= penhauer sagt, „etwas Imposantes" an sich, wenn er uns das peinliche Ge= richt, wie es in unsrer Brust sich vollzieht, vorführt, und sie läßt ebenso sehr die sittliche Begeisterung, als die unerbittliche Strenge, mit welcher Kant über= haupt die Forderungen des Sittengesetzes zur Geltung bringt, erkennen; allein sie zeigt andererseits ebenso sehr die Fehler mangelhafter Psychologie.

Schopenhauer tadelt zunächst, daß Kant sich durchweg lateinischer und juridischer Bezeichnungen bediene, die doch „wenig geeignet erscheinen, die ge= heimsten Regungen des Herzens wiederzugeben."

„Es wird uns da im Innern des Gemüts ein vollständiger Gerichtshof vorgeführt, mit Prozeß, Richter, Ankläger, Verteidiger, Urteilsspruch." Ver= hielte sich nun der innere Vorgang wirklich so, wie Kant ihn darstellt, so müßte man sich wundern, daß noch irgend ein Mensch, ich will nicht sagen so schlecht, aber so dumm sein könnte, gegen das Gewissen zu handeln. Denn eine solche übernatürliche Anstalt ganz eigner Art in unserem Selbstbewußtsein, ein solches vermummtes Vehmgericht im geheimnisvollen Dunkel unseres In= nern, müßte Jedem ein Grauen und eine Deisidämonie einjagen, die ihn wahrlich abhielte, kurze, flüchtige Vorteile zu ergreifen gegen das Verbot und unter Drohungen übernatürlicher, sich so nahe und so deutlich ankündigender furchtbarer Mächte [2])."

Und in der That wird die Erhebung des Gewissens zu einem Gerichts= hof um so weniger den Anspruch erheben können, das Wesen der Gewissens= bethätigung genügend zu charakterisieren, als dasselbe Bild auch auf andere, nicht unter das Sittliche fallende seelische Prozesse Anwendung finden kann.

Zutreffend hebt dies Schopenhauer unter Anführung von Beispielen her= vor: „Bei näherer Betrachtung der Kantischen Darstellung", fährt er fort, „finden wir, daß der imposante Effekt derselben hauptsächlich dadurch erreicht wird, daß Kant der moralischen Selbstbeurteilung eine Form als eigen und

---

[1]) Die „mancherlei Einteilungen" des Gewissens finden sich am vollständigsten wohl bei Wolff. „Er nimmt nicht nur die meisten gewöhnlichen Einteilungen des Gewissens an, sondern vermehrt sie noch". (Stäudlin.) Er unterscheidet („Philos. pr. univers." und „Vernünftige Gedanken" ɔc.) ein gutes und böses, ein richtiges und irriges; ein gewisses, wahrscheinliches und zweifelhaftes Gewissen; ein vorhergehendes und nachfolgendes; ein leb= rendes oder antreibendes; ein wichtiges oder unwichtiges; ein freies oder gebundenes Gewissen. „Vielleicht — bemerkt Wolff in § 82 der zuletzt genannten Schrift — werden sich einige be= fremden lassen, daß ich so vielen Unterschied bei dem Gewissen finde, und anderen werden so viele Namen, dadurch dieser Unterschied angedeutet wird, verdrießlich fallen. Wenn der erste Zweifel gehoben ist, so hat es auch mit dem anderen nichts mehr zu sagen. Denn man muß jeden Unterschied mit einem besonderen Namen bemerken, damit man nicht durch die Unbeständigkeit im Reden zwei verschiedene Dinge als eines ansieht, dadurch er in Irrtum verfället."

[2]) a. a. O. S. 107.

wesentlich beilegt, die dies ganz und gar nicht ist, sondern ihr nur ebenso an=
gepaßt werden kann, wie jeder andern, dem eigentlich Moralischen ganz frem=
den Rumination dessen, was wir gethan haben und hätten anders thun können.
Vielmehr ist sie eine viel allgemeinere Form, welche die Überlegung jeder
praktischen Angelegenheit leicht annimmt und die hauptsächlich entspringt aus
dem meistens dabei eintretenden Konflikt entgegengesetzter Motive, deren Ge=
wicht die reflektierende Vernunft successive prüft."

Eine Prüfung der weiteren Ausführungen Schopenhauers bringt uns
übrigens zum Bewußtsein, daß die üble Kritik, die Kants Gewissenslehre bei
ihm erfährt, im letzten Grunde dem Umstande entspringt, daß Schopenhauer
— trotz seines Studiums der Schriften Kants — den Begriff des sittlichen
Mißfallens, als eines selbstständigen, dem Motive der Lust entgegengesetzten
Motivs, nicht gefaßt hat, da seine Ethik das Prinzip, welches das menschliche
Handeln zum sittlichen macht, nicht kennt.

Unangemessen erscheint es auch, wenn Schopenhauer in seiner Kritik auf die
Vorstellungsweise Kants vom Gewissen als „Gerichtshofes im Menschen" sich
beschränkt, um dieselbe in gewohnter Ironie zu tadeln, gleichsam als ob darin
das Abnorme und Neue der Kantischen Gewissenslehre überhaupt liege; denn
das bei Kant ausgeführte Bild ist zur Bezeichnung der Gewissensfunktionen von
alters her gebraucht worden.

So gehört, um nur Einige zu nennen, Quintilian der Ausspruch an, daß
„das Gewissen für tausend Zeugen gelte." Ebenso errinnert der (theologischer
Seits auf das Gründlichste untersuchte) Paulinische Gewissensbegriff in Röm.
2, 14 f. (von dem Wechselverkehr der sich anklagenden oder verteidigenden
Gedanken) an das Bild eines Rechtsverfahrens, bei dem es nur auf Ver=
dammung oder Freisprechung im einzelnen Falle, nicht auf Belebung heraus=
zukommen pflegt.

Die bei Kant in Klammern eingeschlossene Erläuterung seiner Bezeichnung
des Gewissens als eines Gerichtshofes im Menschen: („vor welchem sich seine
Gedanken unter einander verklagen oder entschuldigen") aber zeigt die Paulinische
Quelle unverkennbar an.

Sodann tritt die gleiche Vorstellungsweise bei den Patristikern und
Scholastikern mehrfach auf [1]).

Der berühmte Jesuit Anton de Saraja (geb. 1618, gest. 1667) nennt in
seiner Schrift „Ars semper gaudendi ex principiis divinae providentiae
et rectae conscientiae" das Gewissen ein „domesticum tribunal [2])!"

Gleicherweise nennt es Ad. Smith ein „inferior tribunal", und seine
Darstellung der Gewissensbethätigung hat mit den bezüglichen Ausführungen
Kants so große Ähnlichkeit, daß einem Geringeren gegenüber als Kant vielleicht
ein Zweifel an voller Originalität erhoben werden könnte [3]).

---

[1]) Vergleiche hier: Stäudlin: „Geschichte der Lehre vom Gewissen", desgl.: R. Hofmann
und Kähler: „Das Gewissen."

[2]) Der zweite Teil dieser von psychologischem Denken zeugenden Schrift führt u. a.
aus, daß die Thätigkeit des Gewissens etwas vom Willen Unabhängiges sei, daß es nicht
ein der menschlichen Seele angeborenes Vermögen ist. Es ist auch nicht ein Urteil über
gut und böse überhaupt, sondern vielmehr als ein „judicium particulare" anzusehen; als
Actus eines solchen setzt das Gewissen die Einsicht, welche sich in dem Allgemeinurteile über
gut und böse ausdrückt, voraus und gestaltet sich danach in jedem Einzelfalle.

[3]) „Theory of moral sentiments" (Zusätze z. III. Teile): „Wenn ich mein eignes
Betragen untersuche, wenn ich mein Urteil darüber fälle, und ich es entweder billigen oder
verdammen will, so ist augenscheinlich, daß ich mich in allen solchen Fällen, so zu sagen, in
zwei Personen teile (I divide myself into two persons) und daß ich, der Untersucher und
Richter (the examiner and judge), eine ganz andere Rolle vertrete, als ich, dessen Betragen

An und für sich aber ist die Vorstellungsweise vom Gewissen als einem Gerichtshof mit Richter, Kläger und Angeklagten — ihrer Anschaulichkeit und des Einschlusses entschieden analoger Erscheinungen wegen — dem Menschen so naheliegend, daß es Wunder nehmen muß, wenn Schopenhauer (nach Kirchmann zu reden) über Kants Erhebung des Gewissens zu einem Gerichtshof „sich lustig macht."

Nichtsdestoweniger wird der Vorwurf Schopenhauers zu Recht bestehen, sofern er die mangelhafte Psychologie Kants berührt.

Ein zweiter Mangel der Lehre Kants zeigt sich in der Art, wie er die Möglichkeit aller Gewissensbethätigung zu erklären sucht.

Auf die angebliche Undenkbarkeit, daß der im Gewissen Angeklagte jemals verlieren würde, gründet er die Notwendigkeit der Annahme, daß Gott als derjenige gedacht werden müsse, der im letzten Grunde durch das Gewissen uns richte.

Schopenhauer erklärt die von Kant vorausgesetzte Undenkbarkeit geradezu für einen Winkelzug. Und gewiß erscheint der Einwand Kants [1] als unnützer Strupel, wenn wir uns der psychischen Momente des Geschehens aller Gewissensthätigkeit nochmals erinnern: Durch ein Zuwiderlaufen des Einzelwillens der Maxime gegenüber entsteht in der Seele ein Widerstreit zwischen Vernunft und Begierde, zwischen Ankläger und Verklagtem. In diesem Widerstreite behält aber die Vernunft immer das letzte Wort, wenn sie auch das entscheidende nicht besaß. Ist das Gewissen auch nicht untrüglich — denn als die Summe der subjektiv sittlichen Maximen kann es geradezu unethisch sein — es läßt sich durch Antriebe der Lust, selbst wenn diese den Sieg davon tragen, nie ganz vernichten — es bricht vielmehr nach der That, wenn die Lust vergangen ist, mit desto größerer Macht hervor. Treffend drückt Kant selbst die Thatsache aus in den Worten: „Das Gewissen folgt ihm wie sein Schatten, wenn er zu entfliehen gedenkt. Er kann sich zwar durch Lüste und Zerstreuungen betäuben oder in Schlaf bringen, aber nicht vermeiden, dann und wann zu erwachen, sobald er die furchtbare Stimme desselben vernimmt. Er kann es in seiner äußersten Verworfenheit allenfalls dahin bringen, sich daran gar nicht mehr zu kehren, aber sie zu hören, kann er doch nicht vermeiden."

Wenngleich nun nach Kants Auffassungsweise das Gewissen gleichsam als subjektives Prinzip der Verantwortung vor Gott gedacht werden muß, so erscheint es doch mehr als willkürlich, wenn Schopenhauer Kant verrückt, daß er seinen Leser „vom Gewissen zur Deisidämonie als einer ganz notwendigen Konsequenz desselben" führe.

Kant wehrt doch ausdrücklich die Folgerung ab, daß der Mensch durch sein Gewissen berechtigt oder gar verpflichtet sei, das Dasein Gottes außer sich als wirklich anzunehmen; denn diese Idee werde ihm „nicht objektiv, durch

untersucht und gerichtet werden soll. Ersterer ist der Zuschauer (the spectator), dessen Gesinnung über mein eigenes Betragen ich zu dem meinigen zu machen suche, indem ich mich an seine Stelle setze und erwäge, in welchem Lichte es mir aus diesem Gesichtspunkte erscheinen werde. Letzterer ist der Handelnde (the agent), die Person, die ich eigentlich mein Ich nenne und deren Benehmen ich unter der Rolle eines Zuschauers untersuche. Ersterer ist der Richter; letzterer der Beklagte.

Daß aber Richter und Beklagter in jeder Rücksicht ein und derselbe sein sollten, ist ebenso unmöglich, als daß die Ursache einerlei mit der Folge sein sollte."
[1] W. W., Bd. VII, S. 245* Anmerk.: „Die zwiefache Persönlichkeit, in welcher der Mensch, der sich im Gewissen anklagt und richtet, sich selbst denken muß . . . . . bedarf einer Erläuterung u. s. w. (Vergl. S. 18 u. 19 der Abhandlung.)

theoretische, sondern bloß subjektiv, durch praktische, sich selbst verpflichtende Vernunft, ihr angemessen zu handeln," gegeben.

Schopenhauers Vorwurf würde zu Recht bestehen etwa gegenüber der späteren Schubert-Schelling'schen Auffassung, die das Gewissen „ein Mitwissen mit dem allgemeingegenwärtigen und allwissenden Gotte" nennt, oder gegenüber derjenigen theologisierenden Ethik, die in dem Gewissen „das Gottesbewußtsein ursprünglich und unmittelbar gegeben" finden will, „das Bewußtsein sowohl von einem Sein Gottes in uns, als von einem Nichtmehrsein unser in Gott."

Vertreter dieses Standpunktes machen Kant durchweg den Vorwurf, daß, „obwohl er dem wandelbaren moralischen Gefühlssinn" durch den ethischen Faktor des Gewissens ein Ende gemacht habe, er doch den Begriff des Gewissens schmälere, da er dasselbe nur für ein moralisches Vermögen ansehe [1]).

So wenig indessen das Gewissen mit Notwendigkeit die objektiv gültigen Richtpunkte der Sittlichkeit in sich faßt, so wenig ist in ihm ein Gottesbewußtsein ursprünglich zu finden:

Gleichwohl erkennen wir die innige Beziehung, die zwischen Gottesbewußtsein und Gewissen, zwischen Sittlichkeit und Religion besteht, vollkommen an.

Es ist ein ausgemachter Satz der Religionsphilosophie, daß das religiöse Gefühl, freilich weit davon entfernt, angeboren zu sein, auf einem Abhängigkeitsgefühle beruht; ihm liegt zunächst das Ergriffensein durch eine hinter der Erscheinung wirksame höhere Macht zu Grunde. „Solche Abhängigkeitsgefühle resultieren aus dem Gefühle, das gegen nicht wegzuschaffende Schranken anstößt. Und die Stellung des Menschen in der Welt bietet ihm reichlich Gelegenheit, sich solchen Schranken unterworfen zu sehen, gegen welche sein Wollen erfolglos ankämpft. Dem Gebiete der äußeren Erscheinungen, das die ganze Fülle der Beziehungen umfaßt, in welchen der Mensch zur Natur steht, und aus denen ihm Wohl und Wehe, Glück und Unglück, Furcht und Hoffnung erwächst, tritt das im Menschen selbst gelegene zur Seite, das die von seinem Willen unabhängigen innern Mächte umfaßt." Als deren nachhaltigst wirkende haben wir das Gewissen erkannt, da seine Urteile unbeeinflußt vom Willen und häufig demselben entgegengesetzt, sich geltend machen.

Im letzteren Falle vornehmlich wird das Gewissen als fremde Macht empfunden werden, da es gegen die eigene Persönlichkeit sein Verdammungsurteil wendet. Und daher muß es natürlich erscheinen, wenn der Mensch insbesondere das richtende Moment im Gewissen personifizierte und es als die Stimme eines in seinem Innern sich kund gebenden idealen Wesens — Gottes — dachte. Bloß in diesem Sinne ist nun auch für Kant das Gewissen ein mahnendes Zeugnis für das Dasein Gottes, als eines höchsten Vergelters, von dessen Richterspruch der gläubige Mensch, bald hoffend, bald fürchtend, den Lohn oder die Strafe für sein Handeln auf Erden erwartet. Und gegen die Anwendung einer derartigen Bezeichnung des Gewissens als eines „innern (höchsten) Richters" und einer „innern (göttlichen) Stimme" wird nichts einzuwenden sein, sofern damit nur der Wert der Sache ausgedrückt, nicht aber eine wissenschaftliche Auskunft gegeben werden soll.

---

[1]) Schenkel (Artikel „Gewissen" in Herzogs „Realencyclopädie"): „Die von der Kantischen Philosophie unmittelbar und mittelbar abhängigen Theologen betrachten das Gewissen in der Regel als „ein ursprüngliches, sittliches Vermögen in dem Menschen, auf welches die sittliche Urteilskraft des Menschen sich gründet. Es ist als ein wesentliches Verdienst zweier Ethiker der neuesten Zeit, Harleß' und Rothe's zu betrachten, daß sie in der Gewissensfunktion, im Unterschied von der herrschenden Vorstellung, vorzugsweise eine religiöse Thätigkeit erkannten."

Vita.

Ich wurde geboren am 13. März 1851 in Alten-Beichlingen, einem Dorfe Thüringens; ich besuchte die Schule des Ortes und ein vom Pfarrer und Lehrer geleitetes Privat-Institut, das für Gymnasium, Realschule und Lehrer-Seminar vorbereitete.

Vom 17. bis 20. Jahre absolvierte ich einen dreijährigen Kursus an dem Seminar in Weißenfels a./S. und war später an diesem Seminare, wie auch an dem in Delitzsch als Hilfslehrer thätig. Meine akademischen Studien begann ich Ostern 1875 zunächst als Hörer; nachdem ich das Mittelschul-Examen und die Rectoratsprüfung absolviert, ließ ich mich Michaelis 1876 immatriculieren und studierte sechs weitere Semester insbesondere Pädagogik, Philosophie, Geschichte und moderne Philologie. Ich hörte die Herren Professoren Ziller, Strümpell, Masius, Drobisch, Wundt, Heinze, Biedermann, Voigt, Zarncke, Hildebrand. In Professor Zillers pädagog. Seminare war ich fünf Semester, in der deutschen Gesellschaft des Herrn Professor Hildebrand zwei Semester Mitglied.

Allen meinen Universitätslehrern fühle ich mich zu besonderem Danke verpflichtet.

Leipzig, Sommer 1879.

M. Mohlrabe.